창의력도 키워 주는 행복한

아동 독서치료

전경원 · 권미은 지음

창지사

머리말

마치 독서가 만병통치약인 것처럼 보인다. 대학입학 논술시험, 독서 이력 등 독서만 잘하면 만사가 잘 될 것처럼 보인다. 책을 읽는 이유는 사람마다 각기 다를 수 있다. 성공하기 위해, 창의력을 키우기 위해, 폭넓은 사고를 하기 위해, 간접 경험을 하기 위해, 문제를 해결하기 위해서 등과 같이 다양한 목적으로 독서를 한다.

독서를 하면 언어발달, 창의력이 풍부해지고, 문제 해결을 할 수 있는 능력을 지니게 된다. 한 가문을 세계적인 명문가로 만들고, 그 명성을 유지할 수 있는 비결을 독서교육법에서 찾고 있을 정도로 독서는 한 개인뿐만 아니라 세대를 뛰어넘어 명가문을 만들 수도 있다. 처칠 가, 케네디 가, 네루 가, 루스벨트 가, 버핏 가, 카네기 가, 헤세 가, 밀 가, 박지원 가, 이율곡 가 등 10개의 가문을 선정해 그들의 독서교육 비법을 소개하는 책도 있는 것처럼 독서는 시대를 초월해서 매우 중요한 역할을 해 왔다.

빌게이츠는 오늘 자신을 있게 한 것은 "작은 마을의 초라한 도서관"이었다고 말한 적이 있다. 빌 게이츠는 책을 무척 좋아한다. 그는 책을 좋아할 뿐만 아니라 책을 빨리 읽고 싶어 한다. 언젠가 '빌게이츠, 워렌버핏 학교를 가다' 라는 프로그램에서 "만약에 두 분에게 초능력이 생긴다면 어떤 능력을 얻고 싶나요?"라는 질문에 대해 빌은 "책을 빨리 읽는 능력"이라고 했다. 그는 평소 초능력이 있다면 10배 책을 빨리 읽고 싶다고 했다. 워렌 버핏은 빌이 나보다 책을 빨리 읽는 것은 사실이라며, 자신은 빌보다 책을 늦게 읽기 때문에 인생에서 10년은 허비했을 것이라고 했다. 공감했던 부분이다. 빌 게이츠의 창의력은 '독서'에서 시작되었다는 것을 알 수 있다. 빌 게이츠뿐만 아니라 성취한 사람들이 책을 가까이 했다는 사실은 널리 알려져 있다.

독서를 통해 자기 이해 및 대인관계 증진을 하게 되고, 정서적인 카타르시스를 통해 크고 작은 문제를 해결하고, 현실을 보는 견해를 넓히게 되는 치료적 효과가 있다. 그런 의미에서 볼 때 독서치료는 장애가 있거나 사회·정서 문제가 있는 영재 아동뿐만 아니라 모든 건강한 사람에게도 필요하다. 인간은 누구든지 살면서 자신 안에 있는 상처나 분노가 있을 것이다. 이런 감정을 책 속의 등장인물을 통해 표출하고, 카타르시스를 경험하게 되어 편안한 마음을 유지할 수 있다.

본서에서는 독서를 통해 아동의 기본생활습관, 사회성, 정서, 신체, 가족과 관련된 문제들을 치료할 수 있는 발문들을 제시하고 있다. 인식, 고찰, 적용 질문과 같은 독서치료의 과정에 초점을 둔 발문과 아울러 창의 발문을 포함하고 있다. 그 이유는 독서치료를 통해 사회·정서적인 치료와 더불어 창의력과 문제 해결력이 부족한 아동들에게 일종의 창의 치료 목적이 있기 때문이다. 요즘 창의력이 화두이지만, 창의력이 부족한 아동들이 많기 때문에 단순한 독서치료를 한 단계 업그레이드하여 창의 치료를 강조했다. 평범한 독서치료가 아닌 창의적인 문제 해결 능력을 향상시켜 줄 수 있는 발문들을 잘 활용하면 훨씬 더 가치가 있을 것으로 사료된다. 단순하게 아동의 '읽기'에만 관심을 둘 것이 아니라 나아가 창의성과 문제 해결력을 어떻게 지도할 것인가에 대해 초점을 두면 훨씬 더 가치가 있을 것으로 사료된다.

책을 통해 아동들이 행복한 창의력을 키우기 바라면서…….

2011년 2월

저자 전경원, 권미은

≫≫차≫≫례≫≫

1부

독서치료의 이론

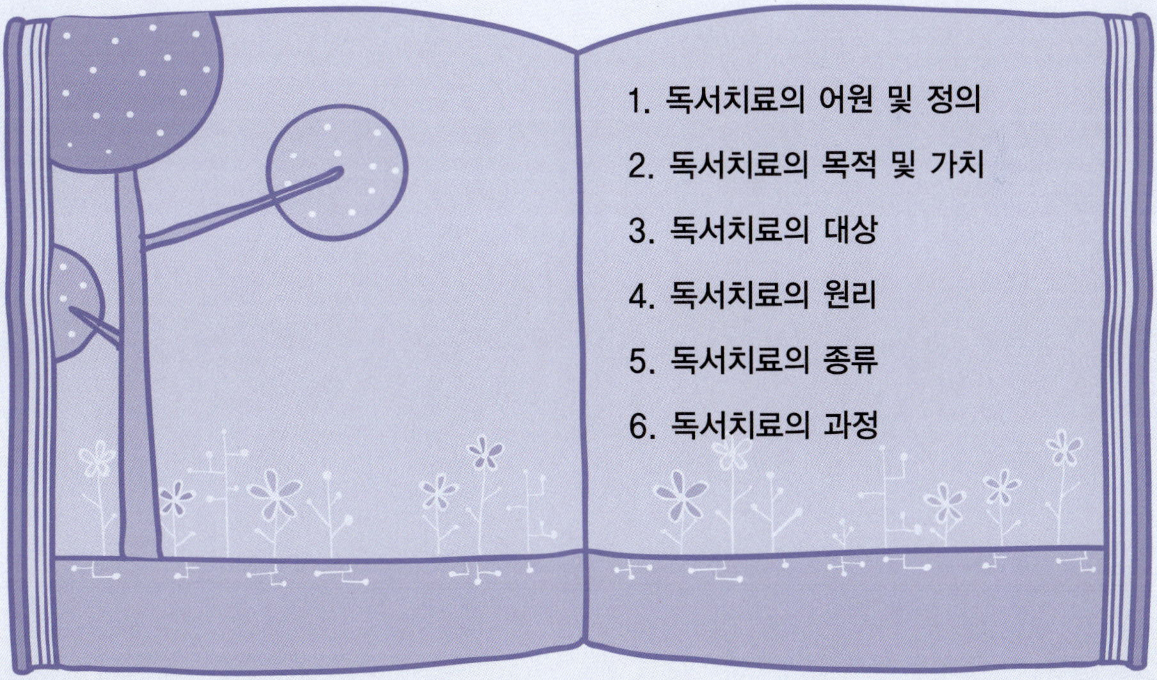
1. 독서치료의 어원 및 정의
2. 독서치료의 목적 및 가치
3. 독서치료의 대상
4. 독서치료의 원리
5. 독서치료의 종류
6. 독서치료의 과정

1. 독서치료의 어원 및 정의

1) 독서치료 관련 용어

독서치료bibliotherapy의 용어는 문학교육literaeducation, 독서교육biblioeducation, 독서지도, 독서클리닉biblioclinic, 독서요법bibliotherapy, 독서상담bibliocounceling, 독서심리bibliopsychology 등 다양하게 쓰이고 있다. 독서치료와 혼동될 수 있는 용어를 정리해 보면 다음과 같다.

◆ 독서치료와 혼동될 수 있는 용어

● 문학교육 & 독서치료

문학교육은 교사가 학생들이 문학작품의 의미와 가치에 대한 통찰을 할 수 있도록 도와주는 것으로 지적인 이해를 중요하게 여긴다. 그러나 독서치료는 자아를 보다 잘 이해하도록 하는 것에 초점을 두고 있어 개인의 감정이나 정서적 반응을 중요하게 생각한다.

● 독서지도 및 독서교육 & 독서치료

독서지도와 독서교육은 아이들의 독서 수준이나 흥미 등을 고려하여 좋은 책을 선정해서 올바른 방법으로 책을 읽도록 하는 것이라고 본다. 그러나 독서치료는 책을 읽은 후에 다양한 활동을 하거나 책 내용에 대하여 토론을 하는 과정을 통하여 자신을 더 잘 이해하게 하며 자신의 문제를 파악하여 결국에는 그 문제를 해결하도록 하는 것이다. 독서지도와 독서치료는 책을 읽은 후의 활동은 같을 수 있으나 그 목적과 효과에 차이가 있다고 볼 수 있다.

● 독서클리닉 & 독서치료

우리나라에서 실시되고 있는 독서클리닉은 주로 읽기 부진아나 읽기 장애아가 그 대상이 되고 있다. 반면에 독서치료는 읽기 부진아도 그 대상이 될 수 있으나 그 외에 정서장애나 주위가 산만한 아이뿐 아니라 정상적으로 자라나는 아동이라도 성장 과정 중에 겪는 갈등이 있는 경우에 그 대상이 될 수 있다. 따라서 독서치료의 대상이 더 포괄적이라고 할 수 있다.

● 독서상담 & 독서치료

독서상담은 좋은 독자로 변화시키는 것이고, 독서치료는 건강한 독자를 만들어 내는 것이다. 독서상담과 독서치료는 특별한 상황을 극복하도록 개별 아동에게 적합한 서비스를 제공한다는 공통점이 있다. 그러나 책을 매개로 정신적, 의학적으로 문제에 노출된 아동에게 맞는 자료를 선택하여 문제를 극복하도록 도와준다는 점에서 독서상담보다 그 영역이 전문적이라 할 수 있다.

2) 독서치료의 어원

독서치료, 즉 Bibliotherapy비블리오테라피의 어원은 그리스어에서 파생되었다. 'Biblion'에 해당되는 'book책, 도서, 문학'이라는 단어와 'Therapeia병을 고쳐 주다, 도움이 되다, 의학적으로 돕다'라는 단어가 결합되어 생겨난 것이다.

미국에서 독서치료는 1904년 메사추세츠 주의 Waverly에 있는 Mclean 병원에 근무했던 Jones가 정신질환을 치료하는 데 책을 사용한 최초의 사서로 독서치료를 실시한 일이 계기가 되었다(Rubin, 1978). 이처럼 독서치료는 책이라는 매체를 통하여 사람의 마음이나 행동을 치료하는 것으로, 역사가 오래된 치료법 중 하나이다.

3) 독서치료의 정의

독서치료의 정의는 넓은 의미에서부터 좁은 의미까지 다양하다. 여기에서는 독서치료의 일반적인 정의와 협회 및 학자들의 정의를 정리하였다.

(1) 일반적인 사전적 정의

- "독서를 통해서 거칠거나 주의가 산만한 성격이나 정서적 문제를 치료하거나 해결하는 일"(국립국어원, 2003)
- "정신 건강상 또는 신체의학상 치료를 목적으로 독서를 시키는 치료 방법"(우리나라 문헌정보학 용어사전 사공철 외 1996, 재인용)
- "정신의학과 의약 분야에서 치료의 보조 수단으로 읽기 자료를 사용하고 지시받은 대로 읽음으로써 개인적인 문제를 해결하도록 안내하며, 적응을 잘 못하는 사람들을 사회에 복귀시키기 위한 치료이고, 사회적인 긴장을 없애기 위한 활동이다."(Webster's Third New International Dictionary, 1961)
- "주의 깊게 선택한 독서 자료를 가지고 개인적 문제를 해결하거나 기타 치료의 목적으로 사용하는 일종의 보조적인 심리치료"라 하여 두 가지 측면에서 정의를 내리고 있다(American Heritage Dictionary, 손정표, 1999, 재인용).

(2) 한국 어린이문학 교육학회 독서치료 연구회

- "독서치료는 발달적 혹은 특정하고 심각한 문제를 가지고 있는 참여자가 다양한 문학작품들을 매개로 하여 치료자와 일대일이나 집단으로 토론, 글쓰기, 그림 그리기 등의 여러 가지 방법의 상호 작용을 통해서 자신의 적응과 성장 및 당면한 문제들을 해결하는 데 도움을 얻는 것이다."

(3) Doll & Doll(1997)

- "전반적인 발달을 위해 책을 사용하며, 책은 독자의 성격을 측정하고 적응과 성장, 정신적 건강을 위해 사용되기도 하는데, 그 책과 독자 사이의 상호 작

용 과정이 독서치료이다."

(4) Hoagland(1972)

- "독서치료는 한 개인이 자신의 욕구를 충족시키고 압박감으로부터 자유로워지며 한 개인으로서의 발전을 이루기 위해 독서를 통하여 그의 정신적, 정서적 건강을 촉진시키려는 시도이다."

(5) 이영식(2006)

- "독서치료는 내담자가 치료적 효과가 있는 책을 치료적 상호 작용이 일어나도록 독서하게끔 돕는 과정이다."

위에서 언급한 독서치료의 다양한 정의를 종합하면, 독서치료는 좁은 의미로는 책과 대상 아동과의 상호 작용을 통한 치료로서, 독서치료 안내자(교사, 사서, 상담자)는 개별 대상자의 상황을 고려한 도서를 선택하여 책을 매체로 대상 아동과 정서적 교류를 통해 정신적 · 심리적 회복을 돕는 방법이다. 넓게는 책을 포함한 다양한 문학 자료, 즉 이야기, 자서전, 시, 일기 등을 활용하여 독자들이 가지고 있는 문제나 갈등을 해결하도록 도와주는 과정이라고 볼 수 있다.

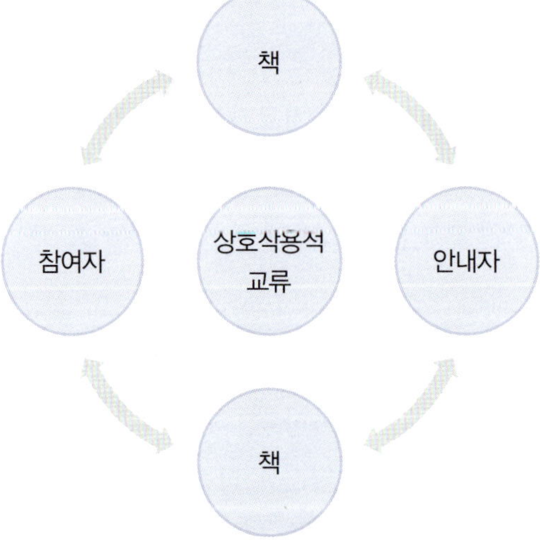

2. 독서치료의 목적 및 가치

책이 치료의 효과가 있다는 사실은 고대로부터 알려져 왔다. 고대 그리스의 도시인 테베의 도서관에는 '영혼을 치료하는 장소' 라는 말이 새겨져 있다. BC 300년경 알렉산드리아의 도서관에는 '정신의 양약', 중세 스위스의 Saint Gall의 묘역 도서관에서는 '영혼의 보약고' 라고 씌여진 비문이 발견되었다. 또한 아리스토텔레스는 그 자신과 제자들의 감성적 치유를 위해 독서를 권장하였다(유혜숙, 1997).

책을 통하여 독자들은 새로운 역할로 완전히 빨려 들어갈 수 있다. 즉, 그들은 책을 통하여 자신의 편협한 관점을 넘어서서 다양한 삶과 삶의 스타일들을 접하게 되는 것이다. 좋은 문학작품은 독자들이 직면한 문제들을 다루는 데 도움이 되는 모델을 제공한다. 대부분 어려움을 가진 아동들은 직면한 문제에 대해서 선지식이나 개인적인 경험에 한계가 있기 때문에 독서치료는 문제를 극복하는 데 있어서 유용한 통찰력을 제공할 수 있다.

즉, 독서치료에서 책을 사용할 때 아동들은 그들 자신과 비슷한 문제에 직면한 인물들에 관하여 읽게 된다. 그들은 그 인물과 지신을 동일시하여 그렇게 하는 가운데 그들 자신들의 동기와 느낌들, 그리고 생각들을 깨닫게 되는 것이다. 이는 대상 아동과 비슷한 문제를 성공적으로 극복한 이야기를 읽을 때, 이야기에 나오는 등장인물의 갈등들과 지각, 그리고 정서적인 반응을 통해 문제들을 해결하고 직면하는 데 도움을 줄 수 있다. 뿐만 아니라 독서치료는 두려움과 죄책감, 혹은 수치심 때문에 토론되지 않을지도 모르는 문제에 관하여 비교적 저항을 받지 않고 이야기하도록 자극하는 데 있어 탁월한 기술이다. 특히 심리적·정서적, 그리고 행동적 문제를 가진 아동들과의 대화는 그들이 가지고 있는 여러 가지 상처와 심리적 방어기제, 언어적 표현의 어려움으로 인해 더욱 어렵다. 그러나 책이라는 매체는 아름다운 그림과 자기를 동일시할 수 있는 주인공의 이야기를 통해 마음을 열게 할 수 있다. 또한 책의 내용과 인물에 자신의 경험과 생각을 이끌어 내므로 아동들은 편안하게 자신의 문제에 접근(명창순, 2008) 할 수 있다.

예를 들면, 친구들과 놀지 못하고 외톨이로 지내는 아동은 자신과 동일한 이야기 속 등장인물을 통해 억눌려 있던 아픔과 화난 감정을 표출할 것이다. 이 같은 사실은 문학작품 속에서 자신과 비슷한 문제를 겪는 인물들을 읽는 것을 통해 문제에 대한 느낌들을 입으로 상담자에게 표현하는 데 도움을 줄 수 있다.

또한 독서치료는 사회적 그룹 워크와 그룹 치료에 사용되고 모든 연령에 효과가 있다고 보고되고 있으며, 치료 기관에 있는 사람들뿐만 아니라 외래 상담자들과 개인적인 성장과 발전의 수단으로 문학작품을 나누기 원하는 건강한 사람들에게도 효과가 있다고 보고(Pardeck & Pardeck, 1993)된다. 이처럼 독서치료는 특정한 문제나 증상이 있는 사람을 치료하는 것에서부터 건강한 사람의 자연스러운 인격 성장과 발달을 돕는 것에 이르기까지 매우 광범한 스펙트럼을 형성하고 있다.

따라서 독서치료는 책을 매체로 자기 자신을 더 잘 알고 인간의 행동을 이해하며 자신의 흥미와 타인의 관심사를 발견할 기회를 갖는다(Spache, 1978). 이러한 독서치료의 가치를 바탕으로 독서치료의 목적을 살펴보면 다음과 같다.

1) Doll & Doll(1997)의 견해

(1) 책을 읽는 아동 개인에 대한 통찰과 자기 이해를 증진시키고자 하는 것이다.

즉, 독서치료는 책을 읽는 사람이 자신 안에 숨겨져 있는 것들을 발견하고 파악하게 해 주며, 자신 안에 있는 은밀한 상처나 분노, 욕구를 표면화할 수 있도록 해 준다.

(2) 정서적인 카타르시스catharsis를 경험하기 위한 것이다.

독서치료에서 카타르시스는 독자가 책 속의 등장인물의 감정, 사고, 성격, 태도에 대한 감상을 문장으로나 말로 표현시키는 감상의 고백을 말한다. 독자의 내면에 숨겨진 억압된 감정을 정신분석적 상담을 통해 발산시켜 주므로 치료가 이뤄진다.

(3) 매일매일의 문제들을 해결하도록 도와주기 위한 것이다.

독서치료는 아동들과 책을 읽음으로써 문제들에 대한 해결책을 제시하거나 해결책에 대한 결과를 묘사해 줌으로써 도움을 제공(Jeon, 1992)할 뿐만 아니라 실생활에서 힘든 경험을 하지 않더라도 상상을 통하여 문제 상황을 분석하고 해결할 수 있도록 해 준다(Hebert, 1991).

(4) 다른 사람들과의 효율적이고 만족스러운 관계를 증진시키기 위한 것이다.

독서치료는 책의 주인공과 비슷한 자신의 모습을 인정함으로써 개인의 고립감을 해소시켜 주며 더 깊은 우정을 위한 기초를 제공한다(독서치료 연구회, 2001).

(5) 아동에게 책을 읽는 동안 즐거움을 느끼게 해 주기 위한 것이다.

유아들이 책을 읽는 목적은 책을 통해 얻어지는 즐거움과 기쁨 때문일 것이다. 책에서 느끼는 즐거움과 재미라는 정서적인 요소야말로 독서치료를 하는 첫 번째 주요 목적일 것이다.

2) Hynes & Hynes-Berry(1994)의 견해

(1) 반응하는 능력을 향상시킨다.

독서치료 자료를 읽고 들으면서 아동들의 사고와 상상력을 자극함으로써 자신에 대한 편견이나 선입관들을 해소할 수 있는 방법들을 제공한다. 또한 독서치료 과정에서 아동들이 잘 쓰여진 시나 이야기를 듣고 아름다운 이미지를 경험함으로써 주의를 집중할 초점을 제공하고 반응하는 능력을 향상시켜 준다.

(2) 자신에 대한 이해를 증가시킨다.

독서치료는 대상 아동들이 스스로의 가치나 새로운 장점을 인정하고 자신을 더 정확하게 지각할 수 있도록 하는 것이다. 아동들은 독서치료 자료를 통해 과거를 회상하거나 자신의 의견을 표현함으로써 내적인 자아를 발견하고 확인할 수 있도록 도와준다.

(3) 개인적인 대인 관계들을 명료화시킨다.

독서치료는 대상 아동들이 자신과 밀접하게 관계를 맺고 살아가는 타인들과의 상호 관련성에 대해서 잘 인식할 수 있도록 도와준다. 타인에 대한 감정 인식은 독서치료 과정에서 책을 읽고 대화에 동참하면서 주인공들이 자신과 비슷한 어려움을 겪거나, 비슷한 감정을 경험한다는 사실로 인해 편안함을 느끼게 된다. 또한 독서치료 과정 동안 책에 나타나는 사람들 간의 상호 관계에 대해 이야기를 나눔으로써 타인을 이해하고 자신과 타인의 욕구를 통합하는 것을 알게 된다.

(4) 현실을 보는 견해를 넓히게 된다.

독서치료는 대상 아동들이 부딪히는 여러 가지 어려움들을 책을 통해 현실을 보는 견해를 확장함으로써 현실에 적응하도록 도와준다.

독서치료는 책을 매개로 심리적 문제를 극복하고 책을 읽으면서 마음의 상처를 치유함으로써 보다 더 행복하고 만족스러운 삶을 누릴 수 있도록 하는 데 그 목적이 있으며, 일상 속의 상처를 덜어 주고 생애의 발달과업을 순조롭게 수행해 갈 수 있도록 도움을 준다는 면에서 특히 의의가 있다.

통영보호관찰소, '감정 치유를 위한 독서치료' 실시

경남 통영보호관찰소(소장 서보동)는 지난 9일 청소년 보호관찰 대상자 5명을 대상으로 '감정 치유를 위한 독서치료' 프로그램을 실시하여 큰 호응을 얻었다.

이번 프로그램에 참석한 청소년들은 가정폭력, 결손가정, 빈곤가정, 학업 중단 등 환경 결손으로 부정적 감정을 역기능적으로 표현하는 행동에 길들어져 재비행의 가능성이 높은 청소년들을 대상으로 이루어졌으며, 교육적 효과를 높이기 위해 소집단 프로그램으로 운영됐다.

이들 청소년 보호관찰 대상자들이 책을 거울 삼아 더불어 읽고 쓰고 나누는 활동을 통해 자신이 가지고 있는 문제를 통찰하고, 비슷한 문제를 경험한 또래 집단의 아이들과의 정서적 교감 활동으로 자신에 문제에 대한 근본적인 해결책을 도모하여 궁극적으로 재비행을 예방하고자 기획됐다.

이날 통영도서관을 찾은 참석자들은 상담자와 자기탐색을 하고 본인들에게 적합한 도서를 선정하여 책을 읽고, 쓰고, 대화를 나누면서 자신의 역할을 찾아내고, 함께한 친구들과 상호 작용을 통해 긍정적 대인 관계의 기술을 익히는 체험과, 개인적 목표를 생각해 보는 등 다양한 독서치료 활동을 하였으며, 책에서 위안을 얻고, 서로에게서 문제 해결의 실마리를 찾는 시간을 가졌다.

프로그램에 참가한 K군(17세)은 "어릴 때 효도를 못하고 부모님을 저세상으로 떠나보내 마음 아파하는 작가를 통해, 14살부터 사고만 치고 부모님께 효도를 하지 못한 자신에 대해 반성하게 되었고, 부모님이 얼마나 소중하고 가족이 얼마나 좋은지를 인식하는 계기가 되었다"고 소감을 밝혔다.

또한 다른 참가자인 J군(18세)은 "고등학교 중퇴 이후에 학교를 안 가고 마음껏 잘 수 있어서 좋았는데, 청소년기에 다양한 지식과 능력을 구비하지 않으면 성인이 되어서 불행한 삶을 살 수 있다는 생각이 들었다"고 말했다.

서보동 소장은 "책과 더불어 청소년들이 자아 존중감을 높이고, 본인들이 가지고 있는 정서적 문제를 해결하여 건전한 민주시민으로 성장하기를 기대해 본다"고 말했다.

이데이뉴스〈통영/김청규 기자〉
2009년 10월 10일 21시 18분

3. 독서치료의 대상

독서치료의 대상자는 남녀노소, 장애 유무에 상관없이 모든 사람을 대상으로 한다. 특히, 장애 영유아들은 문자를 읽거나 쓰지 못한다 하더라도 책이나 글자에 거부감이 없다면 가능하다. 더 나아가 교육적으로 인생관과 가치관을 형성하는 시기인 아동과 심리적 갈등을 겪고 있는 사춘기 청소년은 읽기 심리 요법의 중요한 대상이 된다. 명창순(2008)은 독서치료가 일반적으로 살아가면서 적응과 성장에 도움을 받기 원하는 이들은 물론이거니와 좀 더 깊은 심리적 상처와 문제를 해결하기 원하는 이들 모두에게 적합하다고 말하였다. 지적으로 탁월한 능력을 지닌 영재아에게도 독서치료가 필요하다. 그렇다면 왜 영재아에게 독서치료가 도움이 될까? 영재아는 자신이 영재아라는 사실에도 의문이 많고 그것을 부인하려고도 한다. 또한 타인의 행동에 대해서 비판을 가하기도 하고 많은 의문을 가지고 있다. 사실상 우리가 생각하는 것 이상으로 영재아는 많은 고민과 문제점을 가지고 있다.

'왜 다른 사람들은 내가 재미있어 하는 곤충 채집이나 곤충 분류 등에 전혀 관심이 없는 것일까?' 학교의 교육과정이 너무 쉽거나 너무 어려워 적응을 잘 못하게 될 경우에 "선생님은 수업 시간에 내가 하는 질문에 대해서 왜 화를 내실까?", "친구들은 왜 내 질문을 듣고 비웃는 걸까?" 등의 의문을 가질 수 있다.

Frasier와 MaCannon(1981)은 '영재아를 위한 독서치료 사용'이란 글을 발표했고, Witty(1964)는 영재아를 위한 균형 잡힌 프로그램은 읽기를 통하여 영재아의 개인적, 사회적 요구를 충족시켜 줄 수 있는 것이라고 했다. Weingarten(1964) 역시 독서치료가 영재아의 문제 해결에 도움을 줄 수 있다고 강조한 것을 볼 때 독서치료가 영재아에게 도움을 줄 수 있다는 사실은 아무리 강조해도 지나치지 않는다. 과거에는 영재아에게 이러한 문제들이 거의 발생하지 않을 것이라 생각되었으므로 문제 해결에 도움을 줄 수 있는 프로그램이 개발되지 않았었다. 그러나 근래에는 영재들에게 문제가 있다는 것을 인식하고 이러한 문제를 해결하기 위한 다양한 프로그램을 적용하고 있다(전경원, 2002에서 재인용).

Pardeck(1989)은 독서치료의 대상을 세 범주로 나누었는데, 첫째, 정서적으로 문제를 가지고 있는 사람들, 둘째, 적응을 잘 못하는 사람들, 셋째, 성장하고 발달하면서 누구나 가지는 전형적인 요구를 가진 사람들이라고 밝혔다.

4. 독서치료의 원리

어려운 상황에 놓인 아동들은 이야기에 나오는 주인공의 감정이나 행동 등을 대리로 경험하게 되는 동일시를 통해 자기 문제에 대한 해결 방법을 찾으며 등장인물과 관련된 자기 문제를 토론하고 표현해 볼 용기를 갖게 된다. 또한 주인공의 감정, 사고, 성격, 태도에 대한 감상을 문장이나 말로 표현시키는 카타르시스를 경험하며, 등장인물의 행동을 스스로 깨닫도록 함으로써 자기 자신의 동기 조성이나 욕구를 달성할 수 있는 통찰력을 갖게 된다. 독서치료를 연구하고 적용하는 여러 학자들은 독서치료의 기본 원리이자 구성 요소로서 동일화identification, 카타르시스catharsis, 통찰insight을 강조하였다. 이들 3가지 요소들은 책을 읽는 참여자와 독서 재료 사이에게 이루어지며 구체적 내용은 다음과 같다(Cianciolo, 1965, Pardeck & Pardeck, 1993).

1) 동일화의 원리

동일화identification는 감정이입empathy이라는 용어로 표현되기도 한다. 즉, 책을 읽을 때 이야기 속 등장인물과 성격, 감정, 행동, 태도 등에 자신을 동질화시키는 것이다. 여기에는 투사projection와 내사ingestion가 있다.

- 투사projection : 자신의 감정, 사고, 성격, 태도를 타인에게서 찾아내는 것
- 내사ingestion : 타인의 감정, 사고, 성격, 태도를 자기 안에서 찾아내는 것

다시 말해, 특별한 상황을 겪고 있는 아동들은 이야기 내용에서 현실 속 자신의 모습과 유사한 주인공의 성격, 감정, 행동, 태도 등에 감정이입되면서 인식과

행동을 변화시키는 것이다. 이러한 감정의 변화는 책의 내용이 전개됨에 따라 내면에 등장인물과 같은 감정을 계속 심화시키고 증대시키게 된다.

2) 카타르시스의 원리

카타르시스catharsis는 감정 정화라고도 한다. 대상 아동의 내면에 쌓여 있는 욕구불만이나 심리적 갈등을 언어나 행동으로 발산하는 것을 말한다.

손정표(2000)는 '정동해발' 이라는 용어를 사용하여 카타르시스를 치료적 측면에서 정의 – "대상자의 내면에 쌓여 있는 욕구불만이나 심리적 갈등을 언어나 행동으로 표출시켜 충동적 정서나 소극적인 감정을 발산시키는 요법" – 하였다.

카타르시스는 프로이드의 정신분석 심리학의 치료 근거가 되는 개념이다. 프로이드는 도덕적으로 용인되지 않는 감정들이 무의식 속에 꼭꼭 억압되고 그것이 꽉 차게 되면 분출할 수밖에 없는데 에너지의 부정적인 분출이 곧 증상이라고 하였다. 프로이드는 정신분석적 상담을 통해 억압된 감정이나 마음의 상처, 콤플렉스를 밖으로 발산(분출=카타르시스)시켜 주면 치료가 된다고 보았다. 이러한 카타르시스 과정을 거치면서 마음의 치유를 도모하고자 하는 것이 독서치료의 목적이기도 하다.

3) 통찰의 원리

대부분 문제 상황에 노출된 대상 아동은 자신의 문제를 다른 관점에서 객관화하여 보는 작업이 어렵다. 이는 어려운 현실 문제와 더불어 따라오는 불안감, 분노, 슬픔 등과 같은 부정적인 감정이 앞서기 때문이다. 그러나 책 속 주인공의 삶에서 카타르시스를 경험하면 부정적 감정에서 벗어나 통찰이 가능하게 된다.

통찰insight은 '아하' 경험이라고 부르기도 한다. 책을 읽는 과정에서 자기 자신의 문제를 객관적으로 바라봄으로써 문제 해결의 실마리를 찾아내는 것으로, 자기 자신이나 자기 문제에 대하여 올바르고 객관적인 인식을 체득하는 것(손정표, 2000)을 의미한다. 독서 안내자(교사, 사서, 상담가)는 내담자에게 자신과 비슷한 문제에 봉착한 책 속의 등장인물이 어떻게 그 문제를 생산적으로 해결해 나가는지를 스스로 깨닫도록 도와줌으로써 통찰이 일어나도록 촉진한다. 다시 말해, 책 속의 등장인물이 내담자의 모델 역할을 하도록 하는 것이다.

독서치료가 의사 전달 능력 향상시킨다! 자폐증 치료 효과 기대

2009/12/11 16:22 발신지:Washington D.C./미국

[워싱턴 D.C.=AFP] 집중적인 독서치료를 받은 아이들은 독서력이 향상할 뿐만 아니라 뇌내회로가 활성화되어 커뮤니케이션 능력도 향상한다는 연구 결과가 9일 의학잡지 '뉴런(Neuron)' 인터넷판에 실렸다.

美 카네기 멜론 대학(Carnegie Mellon University)의 연구자들은 6개월간 100시간의 독서치료를 받기 전과 후의 8~10세 아동 72명의 뇌 스캔을 비교했다.

그 결과, 뇌 백질(정보처리를 담당하는 회백질에 신호를 전달하는 뇌조직)의 기능이 치료 후에 큰 폭으로 향상했음을 알 수 있었다. 신호 전달 효율이 향상된 것이 스캔 이미지에도 나타났으며, 어린이들에 대한 테스트에서도 독서력의 향상이 확인되었다.

연구자는 "뇌 백질의 활성화가 가능하다는 사실이 밝혀진 것은 독서장애와 자폐증 등의 발달장애 치료에 새로운 가능성이 열렸음을 의미한다"고 말했다. (c)AFP

http://www.afpbb.co.kr/article/life-culture/health-medical/2048033/1520665

5. 독서치료의 유형

1) 대상에 따른 유형

Lack(1985)은 발달적 독서치료와 임상적 독서치료로 나누었는데, 발달적 독서치료는 어린이가 정상적인 일상의 과업에 대처할 수 있도록 하기 위하여 문학작품을 활용하는 것으로 읽기 자료와 토론 활동이 일반적인 인성 발달을 강조하게 된다. 임상적 독서치료는 정서적으로나 행동 면에서 심하게 문제를 겪고 있는

사람들을 도와주는 개입의 형태로서 특별한 문제에 초점을 둔다.

2) 상호 작용의 정도에 따른 유형

Gladding & Gladding(1991)은 반응적 독서치료와 상호 작용적 독서치료로 나누었는데, 반응적 독서치료는 최소한의 상호 작용이 있는 독서치료로, 아동에게 독서 자료에 대한 과제를 주고 그 과제에 대하여 긍정적인 반응을 주는 정도이다. 상호 작용적 독서치료는 개개인이 문학작품을 읽는 것을 강조하지 않는다. 참여자가 문학작품을 읽은 후 상호 작용을 잘하도록 안내하며, 성장과 치료를 위한 촉매로서 문학작품을 활용하고 작품을 읽은 후의 반응을 창의적으로 쓰게 한다. 이때 치료자는 독자를 이야기 속으로 안내하여 자신의 모습을 성찰하도록 발문으로 촉진한다. 참여자의 치유 과정에서 치료자의 창의적인 발문은 핵심적인 요소이다.

독서치료 과정에서의 발문 형태는 〈표 1〉과 같다.

표 1 독서치료 과정에서의 발문 형태

	텍스트 수준	참여자 수준
동일시 발문	등장인물을 구체적으로 관찰할 수 있도록 이야기 맥락을 고려하여 질문	등장인물을 거울 삼아 참여자의 경험을 묻거나 어떤 인물이 인상 깊었는지 질문
카타르시스 발문	등장인물들의 느낌(감정, 정서, 기분, 심정)을 짐작해 보도록 질문	참여자 자신의 느낌에 대한 질문(만약 ○○이가 …같은 상황이라면 기분이 어땠을까?)
통찰 발문	등장인물의 문제 해결 방법과 과정을 관찰하고 적절성을 생각해 보도록 질문	참여자 자신의 문제 해결 방법에 대하여 질문

3) 상황에 따른 유형

일대일 독서치료와 집단 독서치료로 나누는데, 일대일 독서치료는 치료자와 참여자 사이에 일대일로 이루어진다. 집단 독서치료는 비슷한 정도와 유형의 문제를 가지고 있는 사람들이 모여서 시나 동화 등의 인쇄된 글 혹은 시청각 자료를 읽거나 들은 후에 토론을 하는 형태이다(독서치료 연구회, 2001).

6. 독서치료의 과정

단기 상담이든 장기 상담이든 모든 상담에는 과정process이 있다. 마찬가지로 독서치료에서도 일반 상담과 같이 일정한 과정을 거친다. 그러나 일반 상담과 달리 독서치료는 개별 대상자에게 맞는 책을 선택하여 참여자와 치료적인 상호 작용을 진행한다는 점에서 다르다. 독서치료 과정에 대하여 다양한 단계를 학자들이 제시하고는 있지만 여기서는 두 가지 견해를 소개하고자 한다.

1) Doll & Doll(1997)의 견해

Doll & Doll(1997)은 "독서치료에서 변화는 적합한 책이, 적합한 시기에, 적합한 대상에게 제공되었을 때 생긴다."고 하면서 독서치료 5단계를 다음과 같이 제시하였다.

(1) 준비 단계

● 대상 아동과 먼저 신뢰 관계를 형성한다.

대상 아동과의 첫 대면 시 래포를 형성하는 것은 중요하다. 이는 아동과의 의미 있는 관계 설정과 많은 정보를 수집할 수 있다. 아동이 상담하는 동안 편안해 하며 지지적이도록 하기 위해서 안내자는 사전에 계획한 구조화된 질문과 면담 방식이 아닌 상황에 따른 창의적인 상호 작용이 요구된다.

● 대상 아동이 지닌 문제가 무엇인지 명료화한다.

대상 아동과 면접을 시작하면서 낯선 상황에 잘 적응하는지 관찰하거나 어린 영유아인 경우, 부모와의 분리경향성 파악을 통해 문제 성격을 진단하는 자료원으로 활용될 수 있다. 또한 관찰 외 부가적인 자료를 얻기 위해 여러 가지 투사적인 기법을 활용할 수도 있다. 예를 들면 아동에게 자신이 원하는 세 가지 소원은 무엇인지, 무인도에 누구랑 가고 싶은지, 동물 중 어떤 동물이 되고 싶은지 등의 질문을 통해 아동의 개인적인 문제나 가족 및 또래 간의 문제에 대한 정보를 얻을 수 있다.

● 대상 아동이 지닌 문제의 범위와 성격을 진단한다.

비구조화된 면담과 관찰 자료를 기초로 대상 아동이 지닌 문제의 상태와 원인을 보다 정확히 하기 위해 심리검사를 사용할 수 있다. 이때 주의할 부분은 선택한 검사가 대상 아동의 문제를 파악하기 위한 정보를 충분히 제공할 수 있는지 고려해야 한다. 대부분 심리검사 과정에는 지능검사, 학업성취검사, 성격검사 등이 포함되며, 심리검사에 관한 구체적인 내용은 〈표 2〉와 같다.

표 2 독서치료 대상자를 위한 심리검사 도구

영역	검사명	대상 연령	제작자	출판사(출판 연도)
지능	한국형 개인지능검사(KISE-KIT)	5~17세	박경숙, 정동영, 정인숙	교육과학사(2002)
	한국 웩슬러 아동용 지능검사(K-WISC Ⅲ)	6~16세	곽금주, 박혜원, 김청택	도서출판 특수교육(2002)
	한국 카우프만 지능검사(K-ABC)	2.6~12.6세	문수백, 변창진	학지사(1997)
	한국 웩슬러 유아용 지능검사(K-WPPSI)	3~7.3세	박혜원, 곽금주, 박광배	도서출판 특수교육(2002)
	그림 지능검사(PTI)	3~8세	서봉연 외	중앙적성출판사(1990)
	인물화 지능검사(DAP)	3~12세	김재은 외	교육과학사(1973)
학업성취	KISE 기초학력 검사(BAAT)	유치원~초6	박경숙 외 4인	국립특수교육원(2005)
	기초학습기능검사(KEDI)		박경숙, 윤점룡, 박효정	한국교육개발원(1989)
	학습준비도 검사(FGST)		김정권, 여광응	도서출판 특수교육(1978)
	교육진단검사(PEP)		김정권	도서출판 특수교육(1986)

영역	검사명	대상 연령	제작자	출판사(출판 연도)
적응	사회성숙도 검사	1~30세	김승국, 김옥기	중앙적성출판사(1985)
	적응행동 검사(K-ABS)	3~15세	김승국	중앙적성출판사(1990)
성격	유아성격검사	4~7세	송인섭	학지사심리거사연구소(1993)
	나무그림검사	5세 이상	김태련 외	중앙적성출판사(1993)
	아동용 통각검사(CAT)		김태련	이대출판사(1974)
	그림좌절검사		김태련	중앙적성출판사(1972)

(2) 자료 선정 단계

● 대상 아동의 관심과 독해력 수준에 맞는 책을 선택한다.

독서치료에서 도서의 선택은 중요하다. 대상 아동의 연령과 읽기 수준을 고려하지 않고 제시한다면 아동에게 너무 어려운 책인 경우 좌절감이 생길 수 있고, 너무 쉬운 책인 경우 동기 부여가 결여될 수 있을 것이다. 대상에 맞는 책인지를 알아보기 위해서는 책을 읽어 낼 수 있는 능력이 어느 정도인가 하는 읽기 능력과 대상 아동이 관심 있어 하는 책의 종류 및 주제 분야에 대해서 고려해야 한다. 예를 들면, 장애를 가진 아동이 동물을 좋아한다면 동물이 등장하는 그림책을 선정하는 것이 좋다. 하지만 아동의 연령과 읽기 수준을 고려하여 글자가 너무 많거나 글자가 작은 그림책은 적합하지 않을 것이다.

최근에는 아동의 연령과 읽기 능력 수준, 도서 종류, 도서 내용, 독자의 관심에 따라 그림책을 선택하기 쉽도록 출판사나 협회, 서점 등에서 그림책 목록을 제시하고 있다.

교보문고(2006)에서는 읽기 도서에서 어휘의 난이도와 사용 빈도, 문장의 길이와 어절 수, 글자의 크기, 삽화의 정도, 도서의 분량을 기준으로 도서 난이도를 측정한 후 100~1,850까지 범위의 숫자로 표시한 READReading environment & Ability Degree 지수 도서 목록을 제공하고 있다. 단어 빈도와 문장 길이에 기초한 READ 지수 도서를 통해 책의 권장 수준과 도서의 난이도에 대한 객관적 기준과 정보를 제공받을 수 있게 된다. READ 지수 범위와 수준에 따른 구체적인 설명은 [그림 1]과 같다. 또한 이경우 외(2007)가 2~7세 유아도서를 대상으로 장르별(전래동화, 창작동화, 동요 및 동시, 지식정보책) 좋은 유아도서 평가 준거, 즉 문학성, 예술성, 교육성을 바탕으로 분석한 54권의 추천 도서 목록도 있다.

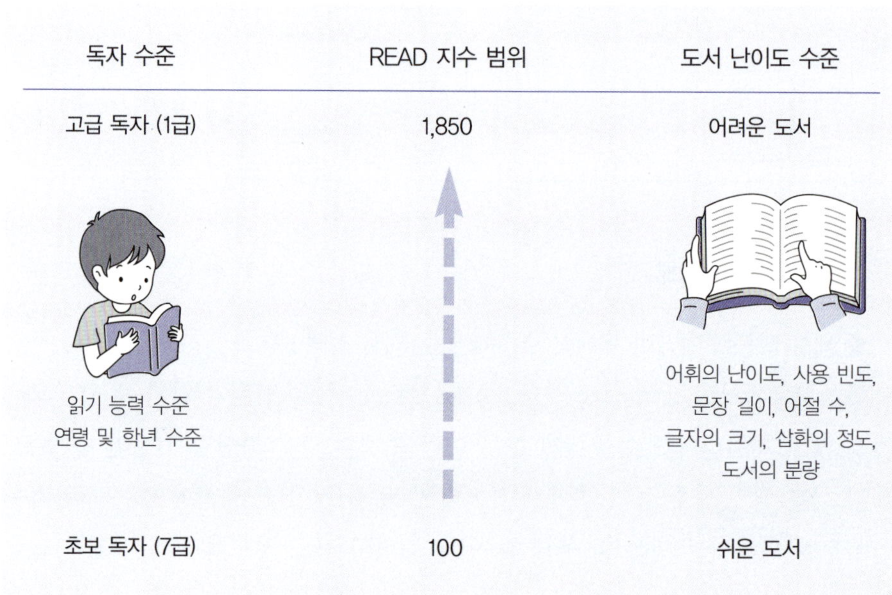

그림 1 READ 지수에 따른 도서 선정

교보문고 READ도서 – 7급 대표 도서

외계인은 팬티를 좋아해

READ 지수 340 / 클레어 프리드먼 지음 / 곽정아 옮김 / 효리원

외계인은 팬티를 좋아해. 모양이 어떻든, 크기가 어떻든 상관없어. 외계인이 사는 별나라에는 팬티가 없으니까 말이야. 그래서 외계인은 팬티를 훔치기 위해 지구에 와. 아마도 오늘은 너네 집으로 갈 거야. 외계인이 팬티를 얼마나 좋아하는지 볼래?

찰랑찰랑 긴 머리가 좋아

READ 지수 430 / 세실리 매튜스 지음 / 정수영 옮김 / 키다리

초등학생이 된 후로 에밀리는 머리를 빗을 때면 웃음이 납니다. 제법 찰랑이기 시작한 머리가 뿌듯하기 때문이기도 하지만 무엇보다 머리를 기르고 싶어 안달이 났던 때가 생각나서였는데…….

혼자 자기 무서워

READ 지수 140 / 마거릿 리드 맥도널드 지음/ 김서정 옮김/ 깊은책속옹달샘

할머니 집에 가서 처음으로 혼자 잠을 자게 된 아이의 이야기입니다. 무엇보다 한밤중에 펼쳐지는 할머니의 아이 잠재우기 대작전은 놓칠 수 없는 볼거리입니다.

짝꿍

READ 지수 220 / 이상현 지음 / 삼성당

우연히 생긴 일로 두 여자 어린이 사이에 다툼이 벌어지고 그것이 친구들과 가정과 학교를 떠들썩하게 만들지만 나중에 모든 아이들이 정말 부러워하는 좋은 짝궁이 된다는 이야기입니다.

아기 곰 마코

READ 지수 260 / 간자와 도시코 지음/ 양선하 옮김 / 비룡소

마코는 호기심이 많고 고집이 센 아이를 닮은 아기 곰이다. 그래서 때로는 엄마, 아빠가 말려도 계속 울기만 하지만 놀란 생쥐를 도와주기도 하는 동정심 많은 모습을 보면서 아이들이 공감할 수 있는 책이다.

이경우의 유아도서 – 장르별 추천 도서

전래동화

까막 나라에서 온 삽사리
정승각 지음 / 초방책방

창작동화

바람부는 날
정선희 지음 / 비룡소

검피아저씨의 뱃놀이
존버닝햄 지음 / 이주령 옮김 / 시공주니어

괴물들이 사는 나라
모리스 샌닥 지음 / 강무홍 옮김 / 시공주니어

꼬마 곰 코듀로이
돈 프리만 지음 / 조은수 옮김 / 비룡소

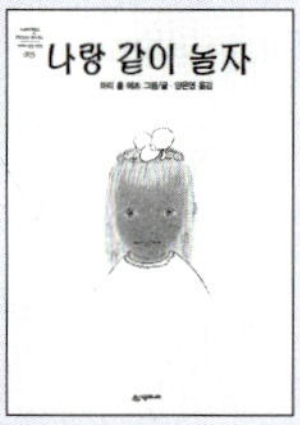

나랑 같이 놀자
마리 홀 지음 / 양은영 옮김 / 시공주니어

무지개 물고기
마르쿠스 피스터 지음 / 공경희 옮김 / 시공주니어

외톨이 사자는 친구가 없대요
나카노 히로카주 지음 / 이영준 옮김 / 한림출판사

피터의 의자
에즈라 잭 키츠 지음 / 이진영 옮김 / 시공주니어

동요 및 동시

자장자장 엄마 품에
임동권 지음 / 류재수 그림 / 한림출판사

독서치료에는 어떤 책이 좋나

[독서신문] 손경자 시인·독서 논술 강사 = 독서치료에는 문학작품과 전기문이 좋다. 문학작품에는 인간의 삶이 담겨 있다. 인간의 심리 감정, 생활 등의 이야기가 섬세하게 묘사되어 있기 때문이다. 이런 문학적 특징은 아이들의 마음을 거부감 없이 쉽게 받아들이게 한다. 그렇다면 어떤 소재의 문학작품이 아이들의 치료에 도움이 될까.

먼저 아이들에게 지극한 사랑을 쏟은 어머니를 묘사한 작품이 좋다. 인간의 정서에 가장 큰 영향을 주는 것은 애정결핍이다. 그렇기 때문에 어머니의 애정은 아이들에게 결정적이다. 따라서 어머니의 애정이 잘 표현된 문학작품은 아이들에게 대리만족을 느끼게 해 준다.

또 가족의 사랑과 따뜻한 인간애가 담긴 작품이 좋다. 사람은 근본적으로 가족의 사랑이 그립고 그 사랑에 대한 열망을 가지고 있다. 비행 소년들도 부모 형제에 대한 애정을 항상 잠재적으로 그리워한다고 한다. 특히 정서 불안의 증세를 보이는 아이나 비행 소년들은 가족적인 소재의 문학작품이 좋은 효과를 보인다.

그리고 주인공이 역경에 처해 있고, 그것을 인내와 노력으로 헤쳐 나가는 과정이 그려진 작품이 좋다. 이런 작품을 읽으면서 아이들은 자신의 꿈을 위해 주인공처럼 꿋꿋한 의지를 가질 것이다. 그리고 어떤 역경이 닥쳐도 좌절하지 않고 참고 주인공처럼 성공할 것이라는 의지를 가질 것이다.

어린 시절 행복했던 기억을 떠올릴 수 있고 마음을 순화시킬 수 있는 내용도 좋다. 사람은 누구나 어린 시절 행복했던 시절에 대한 그리움이나 고향에 대한 향수가 마음속에 잠재돼 있다. 그렇기 때문에 이런 잠재된 감정을 외부로 발산한다면 참된 삶이 무엇인지 느끼게 될 것이다.

범죄 행동이 남에게 어떤 해를 끼치고 또 어떤 처벌을 받는지를 보여주는 내용도 좋다. 이런 내용의 책은 아이들에게 타산지석으로 삼아 스스로 깨닫게 하고 범죄 후에 어떤 결과가 따르는지 잘 보여준다.

마지막으로 우화나 풍자 해학이 담긴 작품도 좋다. 이런 소재의 작품은 감동을 주고 교훈을 주는 책이기 때문에 독서 치료에 도움이 된다. 깊이 읽을수록 많은 지혜를 깨닫게 하는 소재들이다. 풍자나 해학이 담긴 작품은 적대감이나 콤플렉스를 발산하는 효과가 있기 때문에 독서치료에 효과적이라고 할 수 있다.

독서치료는 자아개념의 형성과 교우 관계 및 인간관계에 큰 도움이 된다. 따라서 치료가 필요한 아이들에게 좋은 소재의 책을 선정하는 일은 매우 중요한 일이다.

기사 입력: 2009/12/16 [13:41] 최종 편집: ⓒ 독서신문

또한 그림책 선정 기준에 관한 연구들을 몇 가지 소개하면 다음과 같다. Temple, Martinez, Yokota와 Naylor(1998)는 그림책의 질적인 기준에 따라 그림책의 글 측면인 문학성, 그림 측면인 예술성, 그림과 글의 혼합성과 함께 그림책의 적합성 선정을 위해 읽는 사람의 요구나 경험, 책 사용의 목적, 책의 다양성을 선정 기준으로 삼았다. 또 다른 기준으로는 그림이 이야기를 잘 말해 주어야 하고, 세부적인 내용과 그림이 정확히 일치해야 하며, 구성이 논리적이고 성격이 잘 묘사되어야 함과 동시에 주제가 가치 있고 언어나 개념이 유아 수준에 적합해야 한다(현은자, 김영실, 1992; Cullinan & Galda, 1994; Norton, 1991; Hillman, 1995). Gullinan과 Galda(1994)는 등장인물 성격, 신속한 내용 흐름, 이야기 구성의 간결성, 배경 묘사의 단순화, 글과 그림의 조화, 쉽게 기억할 만한 주제, 이야기 전개의 클라이막스 인식, 언어 표현의 적절함 등을 그림책에 대한 기준으로 정하였다. 독서치료를 실시할 때 구체적인 자료 선정 기준은 다음과 같다.

표 3 일반적 그림책 선정 기준

요소	선정 기준
문학성	주제가 분명해야 한다.
	이야기의 전개, 등장인물을 통해 주제가 전달되어야 한다.
	이야기 구성(기승전결)이 명확해야 한다.
	문체가 보다 쉽고 재미있어야 한다.
	문체에 반복이나 후렴구를 사용해야 한다.
	말의 순서나 낱말의 선택이 적절해야 한다.
	언어의 리듬감이나 음악적 요소가 포함되어야 한다.
예술성	그림 표현 시 다양한 재료와 기법이 사용되어야 한다(물감, 몽타주, 사진 등).
	선의 형태(곡선, 수평선, 수직선…)가 적절해야 한다.
	색감(밝은 색, 흑백…)이 적절해야 한다.
교육성	경험의 폭이 넓어져야 한다.
	문제 해결력/사고력이 확장되어야 한다.
	윤리/도덕적 가치를 습득해야 한다.
	정서적 안정감이 제공되어야 한다.
	어휘 확장이 이루어져야 한다.

요소	선정 기준
교육성	언어 능력이 발달되어야 한다.
	지식, 개념 발달이 이루어져야 한다.
	상상력이 증진되어야 한다.
	창의력이 증진되어야 한다.

출처 : 권미은, 신현기(2008). 유아기 자녀의 장애 유무에 따른 어머니의 그림책 선정 기준 비교. 지적장애연구, 10(2), 123-143.

표 4 독서치료 자료 선정 기준

	선정 기준	내 용
주제	보편적 주제	사적인 정서가 아닌 자신과 쉽게 동일시할 만한 정서와 경험
	영향력 있는 주제	대상 아동이 영향을 받을 만큼 감동적인 주제
	이해할 만한 주제	도서를 접하는 순간 즉각적으로 이해할 수 있는 자료
	긍정적 주제	참여자의 장점을 강화시켜 주고 자아 존중감을 증진하기 위한 긍정적인 주제(희망과 자신감을 담은 내용, '현실감'을 갖춘 것)
문체	리듬	참여자로 하여금 반응을 유도하는 매력적인 리듬
	이미지	추상적이고 흔한 이미지보다는 구체적이고 강렬한 이미지 일상생활의 경험과 사물, 자연에서 발견되는 것들에 대한 구체적인 이미지
	언어	어휘와 어법이 분명하고, 정확하고 쉬운 어휘
	복합성	적당한 길이와 복잡하지 않은 문법 구조의 문장 길이가 짧은 자료

출처 : Hynes, A. M., & Hynes-Berry, M. (1994). Biblo/poetry therapy-The Interactive process: A Handbook. St. Cloud, MN: North Star Press of St. Cloud.(한국어린이문학교육학회 독서치료 연구회 재인용, 2001)

- 대상 아동이 지닌 문제의 성격에 적합한 책을 선택한다.
- 대상 아동이 해결하고자 하는 문제에 대한 해결책이 있는 책을 선택한다.

심리적, 행동적 문제를 지닌 아동의 자료 선택 시 문제 유형과 정도를 고려해야 한다. 특히 정신분열적 환상이나 자살하고 싶은 경향을 길러 주는 자료는 피해야 한다. 시각장애 아동을 위한 자료의 주제는 제한이 없지만 본문을 보지 않고 듣기만 해서 아이디어나 이미지를 어떻게 쉽게 이해할 수 있게 할지에 대해서는 고려해야 한다. 청각, 촉각, 미각 등을 사용하여 알 수 있는 자료를 찾는 것이 좋을 것이다. 점자책이나 말소리가 나오는 책, 카세트 자료가 유용하다. 청각 장애 아동은 입술 모양 읽기, 수화문자, 수화 등 의사소통하는 것에 익숙해야 한다. 때문에 형용사나 음유법, 추상적 언어에 너무 의존하는 시는 독서치료 자료로 적합하지 못하다. 따라서 대상 아동이 가진 문제의 성격에 적합한 주제와 그 문제를 해결할 수 있는 내용이 포함된 책을 선정해야 한다.

자아 존중감을 길러 주기 위한 도서

너는 특별하단다
맥스 루케이도 글 / 세르지오 마르티네즈 그림 / 김선주 옮김 / 고슴도치

세상에서 가장 소중한 보물은 나
니나 쉰들러 글 / 안젤라 켈렌벡 그림 / 전재민 옮김 / 중앙출판사

타인과의 상호작용에 도움을 주는 도서

내 친구 루이
에즈라 잭 키츠 글 · 그림 / 정성원 옮김 / 비룡소

왜 도와야 하나요?
클레어 레웰린 글 / 마이크 고든 그림 / 정유진 옮김 / 함께읽는책

재혼가정, 이혼가정의 아이를 위한 도서

누리에게 아빠가 생겼어요
수중애 글 / 전혜령 그림 / 주니어랜덤

그냥 갈까, 아니 아니 손 잡고 가자
이미애 글 / 한유민 그림 / 푸른책들

병원 가는 것을 무서워하는 아이를 위한 도서

예빙주사 무십지 않아!
편집부 편 / 한림출판사

(3) 자료의 소개 단계

- 내담자의 관심을 유발시키는 방법으로 책을 소개한다.
- 책에 대한 과도한 부담감이나 부정적인 정서 반응을 파악하고 조절한다.

대상 아동이 책 읽기를 좋아하는 경우에는 독서치료 과정에 쉽게 참여할 수 있지만 아주 어리거나 책 읽기에 장애가 있는 경우에는 동기부여 과정이 중요하다. 아동을 대상으로 하는 경우에는 주제뿐만 아니라 자료의 문체와 제시 방식에 매우 민감해야 한다. 특히 유아들은 지루한 것을 싫어하기 때문에 주의집중을 유발할 수 있는 방법들을 제시해야 한다. 권미은(2009)은 일반 유아와 장애를 가진 유아를 위한 그림책 읽기 상호 작용을 위해 주의집중 전략을 활용하였다. 주의집중 방법은 그림책의 그림, 사건, 특성 또는 글자에 흥미와 호기심을 갖거나 공유된 초점을 형성하도록 그림책의 표지나 특징적인 그림 등에 유아의 주의를 기울이게 하는 언어적·비언어적인 상호 작용 시도이다. 다시 말해, 유아의 동기를 부여하는 방법이다. 주의집중 전략의 하위 요소로는 "와! 여기 좀 봐라.", "네가 좋아하는 자동차 있네."와 같은 언어적 환기, 유아의 손을 끌어서 그림이나 글자를 가리키거나 이야기 상황 및 의성어, 의태어, 주인공의 흉내를 몸으로 표현하여 주의를 돌리는 신체적 환기, 책에 나오는 단어나 그림을 보고 관련된 노래를 부르거나 의성어, 의태어를 흉내 내는 음률적 환기 등 제스처, 몸짓, 지적하기, 발성이나 행동 조합을 포함한 모든 언어적·비언어적인 요소가 포함된다.

또한 읽기 능력이 부족한 아동들의 경우 읽기 수준은 자료의 효과에 아주 중요한 영향을 미친다. 이들에게 자료를 읽고 치료를 하는 과정이 매우 힘들고 좌절감이 느껴진다면 자신의 감정을 표출하지 않을 것이다. 이런 경우는 말로 이야기해 주거나 자료를 각색하여 쉬운 단어로 바꾸고 구문을 짧게 바꿀 수 있다. 또 짧은 시를 활용하는 것이 필요하다.

(4) 이해를 돕는 단계

- 책의 주요 등장인물이나 문제를 탐구하도록 돕는다.
- 등장인물들의 특정 행동이 이끄는 동기에 관심을 가지도록 돕는다.
- 책에서 제시된 문제들과 해결책, 그 외 다른 해결책을 찾아내도록 돕는다.
- 책의 등장인물들이 지닌 문제와 대상 아동이 지니는 문제의 유사성을 찾도록 돕는다.

이해를 돕는 단계에서는 독서치료의 4가지 원리, 즉 동일시의 원리, 카다르시스의 원리, 통찰의 원리, 문제 해결 모델의 원리가 적용되도록 한다. 이때 상담자는 대상 아동에게 다양한 발문을 통해 책의 등장인물의 행동과 감정에 대해 명확하게 지각하고 동기에 관심을 갖도록 돕고, 등장인물들이 지닌 문제와 아동이 지닌 문제 사이의 유사성을 찾고 책에서 시도되는 문제들과 해결책, 다른 여러 가지 해결 과정을 찾도록 돕는다.

(5) 후속 조치와 평가 단계

- 대상 아동이 전 단계에서 깨달은 바를 실제 행동에 옮길 수 있도록 격려한다.
- 대상 아동이 합리적인 행동을 성공적으로 수행하도록 도와야 한다.
- 대상 아동이 결심한 바를 실제 행동에 옮겼는지 확인한다.
- 대상 아동의 결심이 효과적인 행동이 될 때까지 재시도하도록 격려한다.

대상 아동이 가진 문제의 강도나 정도에 상관없이 어떠한 문제에 관한 해결 과정은 오랜 시간이 걸린다. 이 과정에서 상담자는 아동이 문제를 해결할 수 있도록 지지해 주고 편안하게 격려해 주며 방향을 재조정해 줄 필요가 있다. 또한 상황에 맞게 토론이나 다양한 활동을 통해 읽은 자료를 소화하고 문제를 해결하는 방향으로 안내하는 역할을 수행해야 한다. 더불어 다양한 확장 활동을 통해 책에서 발견한 통찰의 부분을 전체로 적용할 수 있도록 다각도의 경험을 제공해야 할 것이다.

2) Hynes & Hynes-Berry(1994)의 견해

Hynes & Hynes-Berry(1994)는 독서치료의 과정을 (1) 인식recognition, (2) 고찰examination, (3) 병렬juxtaposition, 그리고 (4) 자기 적용application to self 단계로 계열화하였다.

(1) 인식recognition 단계

인식recognition은 대상 아동이 책 내용에 포함되어 있는 의미를 지각하는 것을 말한다. 자료에 내포된 의미를 지각한다는 것은 내용을 읽고 줄거리나 문장을 이해하는 것이 아닌 등장인물이 내가 된 것처럼 경험을 공유하여 이해하는 것이다. 예를 들어, 『미운 오리 새끼』라는 그림책을 읽으면서 자기와 다른 친구를 놀리는 것은 좋지 않으며, 놀림을 받은 친구의 마음이 슬프다는 것을 느끼는 것이다.

책을 읽으면서 아동은 책의 특정 부분이나 특정 단어를 보고 스스로 느낌의 반응을 가질 수도 있지만, 그렇지 않을 경우에는 상담자가 경험을 공유하도록 질문을 통해 반응 유도를 할 수도 있다. 인식 단계에서 질문은 책 내용의 주제와 전반적인 내용 및 등장인물에게 가지는 감정이나 느낌을 알아보기 위한 것이다. 구체적인 질문의 유형은 다음과 같다.

- 등장인물과 사건에 대한 인식과 느낌에 대한 질문
- 책의 전반적인 인상에 대한 이해 질문
- 과거에 의식하지 못하였던 느낌을 인식하는 질문

이때 상담자의 질문에 대한 대상 아동의 반응은 단순한 대답의 차원이 아닌 책을 읽어 가면서 '과거에는 의식하지 못하였던 느낌을 인식하는 것'을 의미한다. 느낌을 인식하는 과정 속에서 대상 아동은 책 내용의 특정 부분이나 등장인물의 행동, 감정, 생각을 경험하면서 억눌려 있던 감정을 표출하는 정화catharsis를 나타내기도 하고, 문학작품에 나오는 특정 인물의 삶과 감정, 생각, 행동들을 대리 경험하면서 동일시를 경험할 수 있다. 물론 이 과정에서 대상 아동들의 반응은 개인의 문제 상황에 따라, 자료의 주제에 따라 다양하게 나타날 것이다. 예를 들면 장애 동생을 둔 아동과 장애를 지닌 아동에게 『내게는 소리를 듣지 못하는 여동생이 있습니다』라는 책을 읽어 주었을 때 느끼는 반응은 각각 다를 것이다. 장애 동생을 둔 아동은 장애 여동생을 둔 주인공과 동일시하면서 장애 동생으로 인해 쌓아 두었던 억울함과 부정적 감정을 표출할 수 있고, 장애 아동은 장애를 가진 사람의 불편한 심정을 나타낼 수도 있을 것이다. 이처럼 독서치료의 과정에서 정화와 동일시는 끊임없이 일어나며 아동들이 경험하는 중요한 요소이다. 대상 아동은 다른 사람이 보이는 다양한 문제 상황을 보면서 스스로가 가지는 문제를 인식해 보는 기회를 가질 수 있고, 문제를 가지는 것이 나 혼자가 아닌 타인에게도 일어날 수 있다는 사실을 이해하면서 문제의 본질을 점차 수용할 수 있게 된다.

(2) 고찰examination 단계

고찰examination은 인식 단계에서 느꼈던 감정에 대한 반응이 실제 나에게 어떤 의미를 가지는지 질문하면서 자신의 내면을 점검하고 탐색하는 것을 의미한다. 즉, 독서치료의 첫 단계인 인식 단계가 구체화되는 작업이라고 본다.

인식 단계를 구체화하기 위해 고찰 단계에서는 질문의 육하원칙(언제, 어디서, 누가, 무엇을, 어떻게, 왜)이 포함된다. 이는 이야기 내용을 보다 구체적으로 알아보고 줄거리 및 등장인물 및 사건들과 자신의 상황을 연결시켜 보도록 하는 데 있다. 고찰 단계에서 상담자가 적용할 수 있는 질문의 유형은 다음과 같다.

- 등장인물이 지닌 문제에 대한 질문(언제, 어디서, 누가, 무엇을, 어떻게, 왜)
- 등장인물이 한 행동과 사건 동기, 상황과의 관련성에 대한 질문(언제, 어디서, 누가, 무엇을, 어떻게, 왜)
- 책에서 문제 해결 방법에 대한 질문(언제, 어디서, 누가, 무엇을, 어떻게, 왜)

대상자에게 적절한 질문 형태는 지도를 보고 방향성을 찾는 것과 같이 자신이 모르는 길을 인도해 주는 나침반과도 같을 것이다. 다시 말해 아동이 문학작품을 읽은 후에 줄거리를 이해하고 요약하기는 쉬울 수 있다. 하지만 그 내용이 자신에게 어떤 느낌을 주었는지, 자신이 처한 상황과 무슨 관련성이 있는지를 저절로 알아내는 것은 아니다. 때문에 상담자는 대상 아동이 책을 읽은 후 자신의 반응이 언제, 어디서 자주 일어났는지, 그런 반응을 일으키는 대상은 누구인지에 대한 인식이 풍부해지도록 도와줄 수 있다.

(3) 병렬juxtaposition 단계

독서치료 과정의 첫 단계에서는 문학작품의 내용을 통해 경험을 공유하고 인식하고, 두 번째 단계에서는 인식에 대한 의미성을 고찰하였다. 세 번째 단계인 병렬juxtaposition는 인식 단계에서 처음 일어났던 기존 반응과 고찰 단계에서 생성된 주제에 따른 새로운 인상impression을 대상 아동이 나란히 놓은 상태에서 비교하고 대조해 보게 하는 것이다. 다시 말해 처음과 나중에 나타난 가치, 상황, 개념, 태도, 느낌을 비교해 보는 것을 말한다. 여기서 인상impression은 대화를 통해 생겨난 새로운 느낌이나 개념일 수도 있고, 문학 자체에서 발견할 수 있는 개념, 상황, 등장인물, 이미지 등 모든 것이 해당될 수도 있다.

병렬 과정에서의 통찰이 일반적인 상담 과정에서도 발생되지만 문학작품에서 지니는 가치는 무엇보다 문학적인 창의성을 지닌다는 것이다. 문학이라는 매체가 역할 모델을 제공하고 참여자가 고찰할 수 있도록 대안을 제시해 줌으로써 서로 대비되는 갈등적 요소를 제시하고 그 요소들 간의 유사성을 찾아내어 자신이 처한 상황과 연결하는 과정에서 창의성이 나타난다는 것이다. 이는 대상 아동이 책을 통해 얻은 감정, 개념, 상황, 경험들 간에 새롭고 참신한 연관성을 만들어 낸다는 것은 참여 대상이 창의적 활동에 참여했다는 것을 의미한다.

따라서 독서치료 과정에서 가장 창의적인 병렬 단계에서 대상 아동을 도우려면 상담자는 창의적인 질문을 통해 두 요소(기존 인상+새로운 인상) 간 독창적인 관계가 형성되도록 해야 한다. 병치 단계에서 적용할 수 있는 질문의 유형은 다음과 같다.

- 본문에서 일어나지 않았던 사건이나 상황을 예측하는 질문
- 본문에 제시된 해결 방법 이외의 새로운 접근법을 시도하는 질문
- 본문에 제시한 해결 방법과 독창적인 방법을 비교해 보는 질문
- '만약 …라면' 이라고 가정하는 질문

(4) 자기 적용application to self 단계

자기 적용application to self은 인식과 고찰과 병렬 단계의 통합이다. 즉, 문학작품을 통해 대상 아동은 스스로를 깨닫고, 자신의 내부에서 새로운 관점이 생성되면서 자신의 행동과 태도에 어떠한 영향을 주는지 재인식하는 과정이다. 재인식은 첫 단계에서 이루어진 인식과 고찰, 병렬 단계를 거치면서 더욱 확장되고 명확해진다. 이러한 자기 적용 단계를 촉진하는 방법은 상담자가 대상 아동 스스로에게 아래와 같은 심화된 질문을 하도록 격려하는 것이다. 질문을 통한 재인식을 통해 아동은 개인적인 문제를 수용하고 긍정하면서 자신의 행동과 정서를 보다 창의적인 방법으로 활용할 수 있을 것이다. 자기 적용을 돕는 질문 유형은 다음과 같다.

- 본문에서 일어난 사건, 상황은 나에게 어떠한 의미가 있는가?
- 본문에 제시된 등장인물의 가치, 행동, 태도는 나에게 어떠한 의미가 있는가?
- 이야기를 읽은 후 얻은 느낌이나 감정이 나의 인생에 어떠한 의미가 있는가?
- 이야기를 읽은 후 느낌이 부정적인가? 아니면 긍정적인가? 긍정적인 대안(개념, 태도, 정서)을 가지려면 무엇을 해야 할 것인가?

2 부

독서치료의 실제

1장 기본생활습관

:: 식사 습관 ::

- 난 토마토 절대 안 먹어
- 밥 한 그릇 뚝딱!
- 햄버거가 된 베니
- 편식쟁이 마리
- 프란시스는 잼만 좋아해
- 김치는 싫어요?

기본생활습관

:: 배변 습관 ::

- 혼자 쉬해요!
- 응가하자, 끙끙
- 황금똥을 눌 테야!
- 화장실에 가면 재미있어요
- 엄마, 나 똥 마려워

:: 청결 습관 ::

- 이 닦기 대장이야!
- 이 닦기 싫어!
- 이 닦기 싫어요!
- 칫솔맨 도와줘요!
- 콧구멍을 후비면
- 진흙투성이 피스터
- 개구쟁이 해리! 목욕은 싫어요

:: 수면 습관 ::

- 잠자기 싫어요!
- 이렇게 자 볼까? 저렇게 자 볼까?
- 어둠은 무섭지 않아!
- 혼자 자도 무섭지 않아요
- 난 하나도 안 졸려, 잠자기 싫어!

:: 생활 예절 ::

- 마들린느의 예절 수업
- 안 돼요! 정말 안 돼요!
- 예절은 정말 쉽고 재밌어요!
- 쉿! 조심조심! 살금살금!
- 쉿! 나쁜 말은 안 돼요!

식사 습관 먹기 싫은 음식이 있어요!

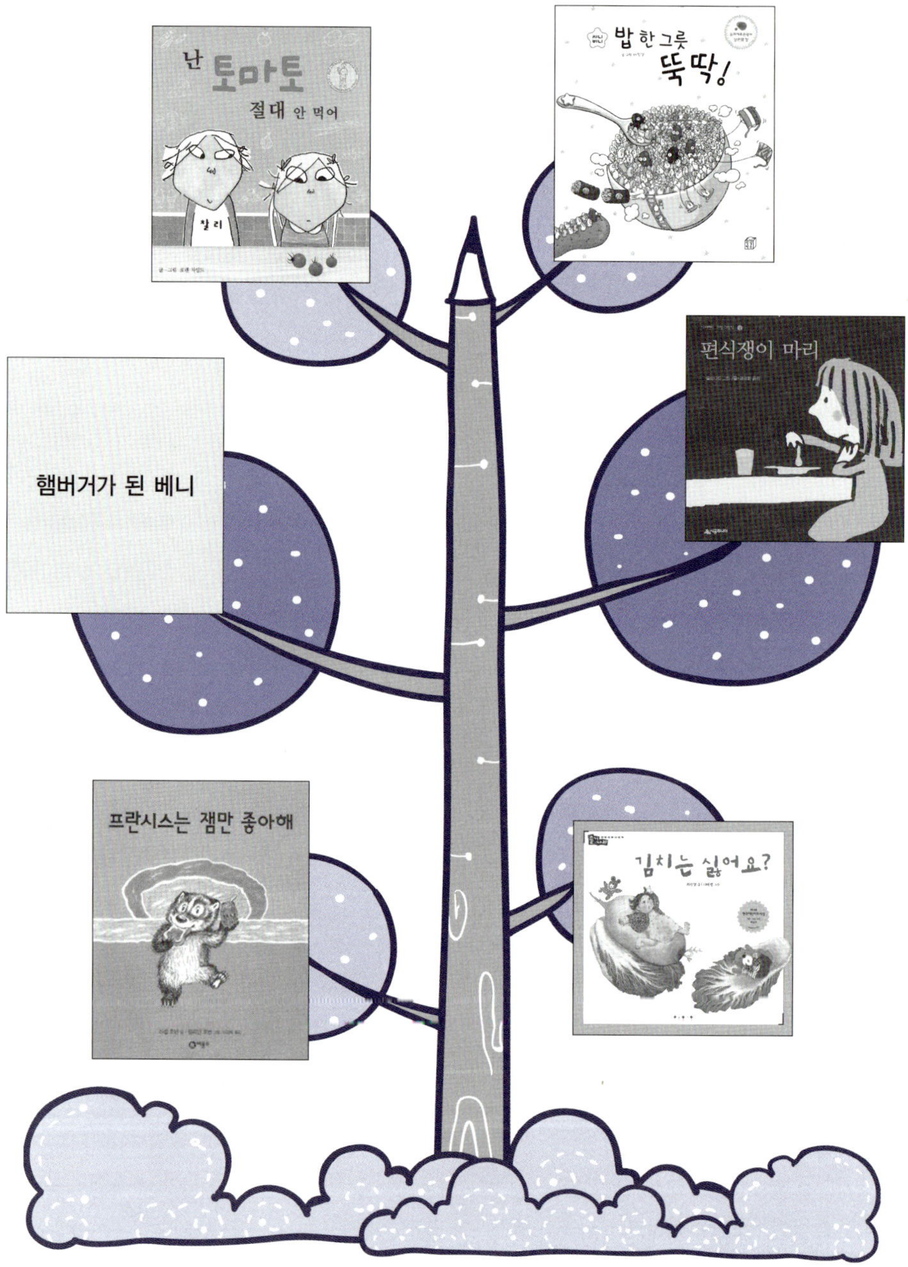

난 토마토 절대 안 먹어

글 · 그림 / 옮김	로렌 차일드 / 조은수		
출판사	국민서관	출판 연도	2001

줄거리

오빠 찰리와 편식을 하는 여동생 롤라의 이야기입니다. 싫어하는 음식이 많은 동생을 고쳐 주기 위해 찰리는 당근, 토마토, 콩 등의 이름을 바꿔 호기심을 자극하여 먹을 수 있도록 합니다. 당근은 '오렌지뽕 가지뽕'이라고 하고, 으깬 감자는 '구름 보푸라기', 생선튀김은 바다 인어들이 먹는 '바다 냠냠이', 콩은 '초록 방울'입니다. 오빠의 상상력으로 롤라는 즐거운 식사 시간을 맞게 된다는 내용입니다.

치료적 발문 과정

인식 질문

- 이 책을 읽고 나니 어떤 생각이 드나요?
- 롤라에게 해 주고 싶은 말이 있나요?
- 책 제목을 보니 어떤 내용일 것 같나요?

고찰 질문

- 롤라가 싫어하는 음식은 무엇이었나요?
- 찰리는 롤라의 나쁜 습관을 고쳐 주기 위해 어떤 꾀를 내었나요?
- 찰리는 롤라에게 당근(콩, 감자, 생선튀김)을 무엇이라고 했나요?
- 롤라는 왜 토마토를 안 먹는다고 할까요?

창의 질문

- 만약 룰라처럼 편식을 하면 어떻게 될까요?
- 룰라의 음식 습관을 고쳐 주기 위해 싫어하는 음식에 재미있는 이름을 붙여 주는 것 말고 다른 방법은 없을까요?
- 내가 찰리라면 룰라가 싫어하는 토마토에 어떤 이름을 붙여 줄 수 있을까요?
- 싫어하는 음식을 잘 먹기 위해 또 다른 방법이 있을까요?

적용 질문

- 편식하는 룰라를 보니 어떤 생각이 드나요?
- 룰라처럼 싫어하는 음식이 있나요? 왜 싫어하나요?
- 싫어하는 음식을 먹을 때마다 어떤 생각이 들었나요?
- 내가 좋아하는 음식만 먹는다면 우리 몸은 어떻게 될까요?
- 음식을 왜 골고루 먹어야 될까요?

행복한 창의력 Happy Creativity

내가 싫어하는 음식에 재미있는 이름 짓기

■ 내가 싫어하는 음식		■ 재미있는 음식 이름 짓기
______	➡	______
______	➡	______
______	➡	______
______	➡	______
______	➡	______
______	➡	______

밥 한 그릇 뚝딱!

글 · 그림	이진경		
출판사	상상박스	출판 연도	2009

줄거리

지니와 비니는 아침, 점심, 저녁 세 끼를 먹습니다. 지니와 비니를 통해 끼니를 거르거나 편식하는 아이들에게 음식이 어떻게 만들어지는지, 음식이 만들어지는 과정에서 엄마의 정성과 노력이 들어간다는 것을 알게 해 줌으로써 따뜻한 한 끼 식사의 소중함을 일깨워 줍니다.

치료적 발문 과정

인식 질문

- 이 책을 읽고 나니 어떤 생각이 드나요?
- 가장 기억에 남는 장면은 어떤 것인가요?

고찰 질문

- 지니와 비니는 하루에 식사를 몇 번 했나요?
- 지니와 비니는 어떤 반찬을 먹었나요?
- 반찬 친구들이 지니와 비니에게 어떤 말을 했나요?
- 바다에서 온 김, 콩, 버섯들은 우리 몸을 어떻게 만들어 주었나요?
- 반찬 친구들이 예쁜 옷을 입고 식탁에 올라오도록 해준 사람은 누구였나요?

창의 질문

- 식탁에 올라온 반찬 친구들을 어떻게 해야 할까요?
- 만약 싫은 반찬이 나왔을 때 버린다면 반찬 친구들 기분이 어떨까요?
- 반찬은 어떻게 먹어야 할까요?

적용 질문

- 엄마가 정성껏 만들어 주신 음식을 먹지 않은 적이 있나요? 왜 먹지 않았나요?
- 식탁 위에 차린 음식을 먹지 않는다면 엄마의 마음은 어떨까요?
- 정성껏 맛있는 반찬을 만들어 주시는 엄마에게 어떤 마음을 가져야 할까요?
- 음식은 우리에게 어떤 도움을 줄까요?

행복한 창의력 Happy Creativity

엄마의 마음은 어떨까요?

■ 식탁 위의 음식을 먹지 않는다면?	■ 식탁 위의 음식을 맛있게 먹는다면?

햄버거가 된 베니

글 / 그림 / 옮김	앨런 듀런트 / 메이 마츠오카 / 강미라		
출판사	애플비	출판 연도	2005

줄거리

베니는 상추, 시금치, 오이, 호박, 양배추 등의 채소를 좋아하지 않습니다. 베니가 좋아하는 것은 햄버거뿐입니다. 자신이 좋아하는 음식인 햄버거를 매일매일 먹던 베니는 어느 날 진짜 햄버거로 변해 버립니다. 햄버거가 된 후 자신을 먹으려는 소와 개, 아이들에게 쫓기다 결국 다시 햄버거 가게로 돌아가게 된 베니가 팔리려는 순간 엄마가 나타나 구해 주고 채소를 먹기 시작하자 다시 사람으로 변합니다. 이후 베니는 햄버거와는 결별을 하고 채소만 먹기 시작한다는 이야기입니다.

치료적 발문 과정

인식 질문

- '햄버거가 된 베니'를 읽어 본 느낌이 어땠나요?
- 이 동화 중에서 특별히 기억에 남는 장면이 있나요?
- 베니에게 해 주고 싶은 말이 있나요?

고찰 질문

- 베니의 몸이 어떻게 되었나요? 베니는 왜 햄버거가 되었을까요?
- 엄마는 베니에게 늘 어떤 경고를 했나요?
- 햄버거로 변한 베니는 어떻게 되었나요?
- 베니는 어떻게 원래대로 돌아오게 되었나요?
- 사람으로 다시 돌아온 베니는 어떤 결심을 했나요?

창의 질문

- 입에 맛있는 음식만 계속 먹게 된다면 어떻게 될까요?
- 채소가 몸에 좋다고 채소만 먹으면 어떻게 될까요?
- 베니가 채소를 골고루 먹으면 어떤 모습이 될까요?

적용 질문

- 베니처럼 한 가지 음식만 먹어 본 적이 있나요?
- 주위에 한 가지 음식만 먹는 친구(사람)를 본 적이 있나요? 어떤 생각이 들나요?
- 베니처럼 햄버거로 변하지 않으려면 어떻게 해야 할까요?

행복한 창의력
Happy Creativity

맛있는 한 가지 음식을 계속 먹게 된다면 어떻게 될까요?

■ 상상해서 그림으로 재미있게 표현해 보세요.

편식쟁이 마리

글 · 그림 / 옮김	솔르다드 / 강경화		
출판사	시공주니어	출판 연도	2003

줄거리

마리는 먹고 싶지 않은 음식은 절대로 먹지 않습니다. 엄마는 마리에게 편식을 하면 몸이 콩알만큼 작아지고 고양기가 네 몸을 치면 바로 쓰러지며 크게 소리를 질러도 모기 소리처럼 목소리가 작아진다고 말합니다. 이야기를 다 듣고 난 마리는 자신이 정말 콩알만 해질까 봐 키가 자라는 음식을 스스로 찾아 먹게 된다는 이야기입니다.

치료적 발문 과정

인식 질문

- 어떤 부분이 가장 기억에 남았나요?
- 동화를 보고 나니 어떤 마음이 드나요?

고찰 질문

- 마리가 호박을 왜 싫어할까요?
- 마리 엄마는 마리가 콩알만 해지면 어떤 일이 일어난다고 했지요?
- 마리 엄마가 마리에게 호박 말고 또 어떤 음식을 먹으라고 했나요?
- 마리가 왜 반찬을 먹지 않고 있었나요?
- 엄마의 이야기를 듣고 마리는 어떻게 했나요?
- 마리가 왜 음식을 골고루 먹게 되었나요?

창의 질문

- 만약 몸에 좋은 음식을 먹지 않으면 어떻게 될까요?
- 만약 마리처럼 골고루 먹지 않아서 콩알만 해지면 어떤 일이 벌어질까요?
- 만약 베개가 침대만큼 크게 보이면 어떤 기분일까요?
- 마리처럼 콩알만큼 작아진다면 어떻게 하고 싶나요?
- 마리처럼 작아지지 않고 키가 쑥쑥 자라려면 어떻게 해야 할까요?
- 자신이 좋아하는 음식만 먹으면 어떻게 될까요?

적용 질문

- 마리처럼 먹지 않는 음식이 있나요? 왜 먹지 않았나요?
- 내가 마리라면 어떻게 했을까요?
- 내가 엄마라면 마리에게 어떤 말을 해 주었을까요?

행복한 창의력
Happy Creativity

내가 엄마라면 편식하는 마리에게 어떤 말을 해 주고 싶나요?

프란시스는 잼만 좋아해

글 · 그림 / 옮김	러셀 호번 / 이경혜		
출판사	비룡소	출판 연도	1999

줄거리

프란시스는 잼만 좋아합니다. 온 가족이 달걀을 먹을 때에도, 송아지 고기 튀김을 먹을 때에도 모르는 음식이라며 먹기를 거부하고 식빵에다 잼만 발라 먹습니다. 엄마가 정성스럽게 싸 준 도시락도 다른 친구의 잼 샌드위치로 바꿔 먹을 정도로 잼을 좋아합니다. 그러자 가족들은 맛있는 음식을 먹으면서도 프란시스에게는 잼 샌드위치만 줍니다. 점심 도시락도 잼 샌드위치를 싸 줍니다. 학교에 여러 가지 음식들을 골고루 싸 와서 맛있게 먹는 알버트를 보니 프란시스도 먹고 싶어집니다. 잼 샌드위치에 질린 프란시스는 스스로 다른 음식을 먹게 해 달라고 울며 사정하게 된다는 내용입니다.

치료적 발문 과정

인식 질문

- 동화를 읽고 나서 어떤 느낌이 드나요?
- 프란시스에게 어떤 말을 해 주고 싶나요?

고찰 질문

- 프란시스는 왜 잼만 좋아했을까요?
- 잼만 먹는 프란시스에게 엄마는 어떻게 하였나요?
- 프란시스는 왜 잼을 싫어하게 되었지요?
- 프란시스는 왜 다른 음식을 먹게 되었나요?

창의 질문

- 만약 좋아하는 음식만 계속 먹으면 어떻게 될까요?
- 만약 엄마가 좋아하는 한 가지 음식만 계속 준다면 어떨까요?
- 네가 프란시스였다면 잼을 계속 좋아할 수 있었을까요?

적용 질문

- 잼처럼 좋아하는 음식만 먹어 본 적이 있나요?
- 프란시스처럼 다른 음식을 먹어 보고 싶은 생각이 들지 않았나요?
- 한 가지 음식만 먹었을 때의 좋은 점과 나쁜 점에는 어떤 것이 있을까요?

행복한 창의력
Happy Creativity

한 가지 음식만 먹었을 때의 좋은 점과 나쁜 점

■ 좋은 점	■ 나쁜 점

김치는 싫어요?

글 · 그림	최신양		
출판사	보림	출판 연도	1995

줄거리

김치는 오랫동안 사랑받아 온 우리나라의 대표 음식입니다. 그러나 영주는 김치를 싫어합니다. 배추에 다양한 양념을 넣어 김치를 만드는 과정을 통해서 김치를 싫어하는 아동들에게 김치의 종류, 김치의 영양가, 김치의 우수성을 흥미 있게 소개하고 있습니다.

치료적 발문 과정

인식 질문

- 책 제목을 보니 어떤 내용일 것 같나요?
- 영주에게 어떤 말을 해 주고 싶나요?

고찰 질문

- 영주가 싫어하는 것은 무엇인가요?
- 영주는 김치를 왜 좋아하게 되었나요?
- 김치 담글 때 들어가는 재료에는 어떤 것들이 있나요?

창의 질문

- 김치로 만들 수 있는 요리는 어떤 것들이 있나요?
- 우리 몸에 좋은 음식과 싫어하는 음식을 말해 보세요.
- 김치 재료 중 이상한 냄새가 나는 것은 무엇이었나요?

적용 질문

- 싫어하는 음식을 먹으라고 할 때 어떤 기분인가요?
- 김치를 못 먹는 친구가 있다면 어떻게 하면 먹게 할 수 있을까요?

행복한 창의력
Happy Creativity

나만의 김치 만들기

■ 김치 종류 :

김치 재료	김치 만드는 법

화장실이 무서워요!

배변 습관

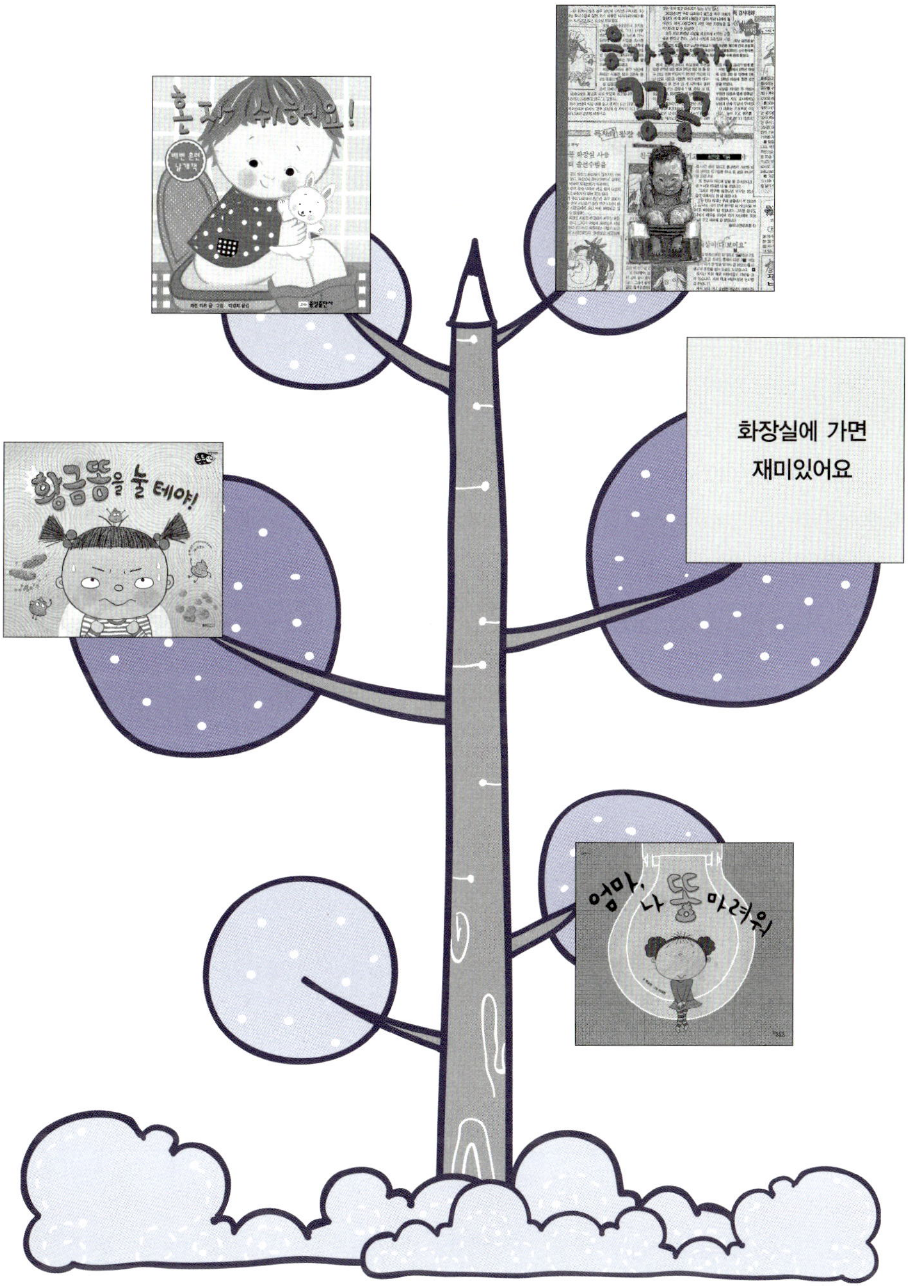

혼자 쉬해요!

글 · 그림 / 옮김	캐런 카츠 / 박경희		
출판사	중앙출판사	출판 연도	2006

줄거리

기저귀를 차는 아이에게 엄마는 아기 변기를 선물로 사 줍니다. 아이는 호기심에 변기에 앉아보지만 쉬가 마렵지 않다고 밖에 나가 놀다가 바지에 쉬를 하고 맙니다. 엄마는 괜찮다고 토닥여 주고 아이는 기저귀를 차고 잠자리에 듭니다. 아침에 일어나 아이는 변기에 달려가 앉아 보지만 또 쉬를 하지 못합니다. 신나는 목욕시간이 되어 물을 만지자 아이는 쉬가 마려워져서 다시 변기에 앉아 기다려 봅니다. 드디어 쉬하는 소리가 들리고 아이가 배변에 성공한다는 내용입니다.

치료적 발문 과정

인식 질문

- 『혼자 쉬해요』는 어떤 내용일까요?
- 동화를 읽고 나니 어떤 느낌이 드나요?

고찰 질문

- 엄마는 아이에게 어떤 선물을 했나요?
- 아이는 엄마가 사 준 변기에서 왜 쉬를 하지 않았을까요?
- 아이가 바지에 쉬를 했을 때 엄마가 어떻게 하셨나요?
- 아이는 언제 쉬를 하게 되었나요?

창의 질문

- 엄마가 작고 귀여운 변기를 사 주었을 때, 아이는 무슨 생각을 했을까요?
- 만약 화장실 변기가 높아서 앉을 수 없으면 어떻게 해야 할까요?
- 쉬를 하고 싶은데 참으면 어떻게 될까요?

적용 질문

- 바지에 쉬한 적이 있나요? 기분이 어땠나요?
- 변기에 앉았는데 쉬를 못했을 때와 쉬를 했을 때 기분이 다른가요? 어떻게 다른가요?
- 변기에서 쉬를 잘 할 수 있는 방법에는 어떤 것이 있을까요?

행복한 창의력
Happy Creativity

쉬를 잘 할 수 있는 방법에는 어떤 것이 있을까요?

응가하자, 끙끙

글 · 그림	최민오		
출판사	보림	출판 연도	2004

줄거리

다양한 동물 친구들(염소, 병아리, 하마, 악어, 강아지…)이 나와서 즐겁게 변기에 앉아 배변을 봄으로써 '응가'가 즐거운 일이라는 것을 알려줍니다. 동물 친구들의 크기와 종류에 따라 다양한 배변 시도를 보여줍니다. 염소는 입에 신문지를 물고 앞발로 뿔을 잡고 힘을 주면서 '응가하자, 끙끙'이라는 말을 합니다. 뒤이어 강아지, 병아리, 악어가 나와 응가를 하고 마지막에 아이가 변기에 올라앉아 힘을 주면서 응가에 성공한다는 내용입니다.

치료적 발문 과정

인식 질문

- 동화를 듣고 나니 어떤 느낌이 드나요?
- 어떤 장면이 가장 인상에 남았나요?

고찰 질문

- 어떤 동물 친구들이 응가를 했나요?
- 동물 친구들의 응가 모양이 어땠나요?
- 동물 친구들이 응가를 어디서 했나요?
- 동물 친구들이 응가를 어떻게 했나요?
- 동물 친구들이 응가할 때 어떤 소리를 내었나요?
- 마지막에 변기에 앉았던 아이는 왜 시무룩했나요?

창의 질문

- 염소의 응가가 어떤 모양이었는지 손으로 만들어 볼까요?
- 아이는 변기에서 어떻게 힘을 주었나요?
- 동물들의 응가 모양은 왜 다를까요?
- 나는 응가할 때 어떤 소리를 내나요?

적용 질문

- 변기를 사용한 경험이 있나요? 화장실의 변기에 앉을 때 기분이 어떤가요?
- 응가를 할 때 어떤 느낌이 드나요?
- 응가를 하고 나면 기분이 어떤가요?
- 변기에서 응가가 잘 나올 수 있도록 하는 방법에는 어떤 것이 있을까요?

행복한 창의력
Happy Creativity

나는 응가할 때 어떤 소리를 내나요?

황금똥을 눌 테야!

글 / 그림	박성근 / 윤정주		
출판사	웅진주니어	출판 연도	2009

줄거리

민이는 똥이 잘 나오지 않습니다. 그래서 민이는 변기에 앉을 때마다 잔뜩 얼굴을 찡그립니다. 배는 아픈데 똥이 나오지 않자 민이는 울음을 터뜨립니다. 이때 화장실에서 '황금똥'이 나와 변비에 걸린 민이에게 건강한 똥을 누는 방법을 가르쳐 줍니다. 똥이 만들어지는 과정을 이야기해 줌으로써 내 몸에서 어떤 일이 벌어지는지 알고 변비를 개선해 간다는 내용입니다.

치료적 발문 과정

인식 질문

- 동화를 읽고 나니 어떤 생각이 드나요?
- 민이에게 어떤 말을 해 주고 싶나요?

고찰 질문

- 민이는 화장실에서 왜 얼굴을 찡그리고 있나요?
- 민이는 왜 똥을 잘 누지 못한 걸까요?
- 황금똥을 나오게 하려면 어떤 음식을 먹어야 하나요?
- 황금똥이 나오지 못하게 하는 음식에는 어떤 것이 있나요?
- 똥이 만들어지는 과정은 어떠했나요?

창의 질문

- 황금똥은 왜 건강한 색일까요?
- 황금똥을 누려면 어떻게 해야 할까요?
- 내가 만약 황금똥이라면 민이에게 어떤 말을 해 주고 싶나요?
- 만약 내가 민이라면 황금똥이 어떻게 해 주었으면 좋았을까요?

적용 질문

- 변비를 경험한 민이의 마음은 어떠했을까요?
- 민이처럼 변비를 경험한 적이 있었나요?
- 민이처럼 배변에 성공하고 싶다고 생각한 적이 있나요?
- 배변을 성공한 나와 성공하지 못한 나는 어떻게 다를까요?

행복한 창의력
Happy Creativity

황금똥이 만들어지는 과정을 그림으로 표현해 보세요!

화장실에 가면 재미있어요

글 / 그림 / 옮김	로렌스 부기뇽 / 낸시 피에레 / 김은령		
출판사	은하수미디어	출판 연도	2003

줄거리

변기가 무서워 화장실에 못 가는 아이는 변기 속에 괴물이 살고 있다고 생각합니다. 엄마는 작은 변기는 안 된다고 합니다. 변기 속에 휴지도 넣어 보고 사탕을 넣어 주어도 변기가 삼키지 않자 조금은 무서움이 사라집니다. 그래서 변기에게 이것저것 줄 것을 찾다가 자동차를 주고 물을 내리자 변기가 자동차를 낚아 채 갔지만 재미있어 합니다. 아빠와 엄마는 화장실의 장난감을 정리하기 위한 선반도 만들고 문에 예쁜 그림도 붙여 주어 아이가 화장실을 좋아하게 한다는 이야기입니다.

치료적 발문 과정

인식 질문

- 이 이야기를 읽으면서 어떤 생각이 들었나요?
- 변기하면 어떤 느낌이 드나요?

고찰 질문

- 아이는 변기를 무엇이라고 생각했나요?
- 아이가 무서운 변기에게 무엇을 주었나요?
- 아이는 변기와 어떻게 친해졌을까요?
- 엄마와 아빠는 아이를 위해 화장실을 어떻게 변화시켜 주었나요?

창의 질문

- 아이는 변기를 왜 괴물이라고 생각했을까요?
- 아이가 계속 변기에 앉는 것을 무서워했다면 어떻게 되었을까요?
- 나라면 변기 괴물과 어떻게 친해졌을까요?
- 변기가 무섭지 않게 하는 방법이 있을까요?

적용 질문

- 변기를 무섭다고 생각한 적이 있나요? 왜 변기에 대해 무섭다고 생각했나요?
- 변기를 무서워하는 아이에게 어떤 말을 해 주고 싶나요?
- 화장실 갈 때 엄마와 아빠가 어떻게 해 주었으면 좋겠나요?

행복한 창의력
Happy Creativity

변기를 무섭지 않게 하려면? (재미있는 변기 만들기)

엄마, 나 똥 마려워

글 / 그림	백승권 / 박재현		
출판사	맹앤맹	출판 연도	2010

줄거리

6살 여자 아이는 혼자서 밥도 먹고, 자전거도 타고 배변 활동도 잘해 냅니다. 그런데 이렇게 배변을 하면서 왜 오줌은 노란색이고, 자신의 똥은 황금색인지 의문을 갖게 됩니다. 엄마는 먹는 음식에 따라 배변과 소변의 색깔이 달라진다고 말해 줍니다. 음식을 골고루 잘 먹고, 잘 뛰어놀아야 건강한 황금색 똥이 나온다는 이야기를 통해 아이들의 건강한 식습관을 통한 배변 활동을 하도록 도와주는 이야기입니다.

치료적 발문 과정

인식 질문

- 여자 아이를 보면서 어떤 생각이 드나요?
- 어떤 부분이 가장 기억에 남나요?

고찰 질문

- 여자 아이의 쉬 색깔은 왜 노랗다고 했나요?
- 여자 아이가 응가하고 싶을 때 어떻게 했나요?
- 여자 아이는 어떤 색 똥을 누었시요?

창의 질문

- 노란색 오줌이 나오는 이유는 뭘까요?
- 황금색 응가를 하려면 어떻게 해야 하나요?

- 응가나 쉬의 색깔과 먹는 음식과는 어떤 관련성이 있을까요?

적용 질문

- 응가가 마려울 때 느낌이 어떤가요?
- 응가나 쉬가 마려울 때 표현을 한 적이 있나요? 못 했다면 왜 그랬나요?
- 응가나 쉬가 마려울 때 어떻게 해야 하나요?
- 응가를 바지에 싼다면 어떤 느낌일까요?

행복한 창의력
Happy Creativity

응가의 색깔과 먹는 음식과는 어떤 연관성이 있을까요?

➡ ?

? ➡

빨간 똥

? ➡

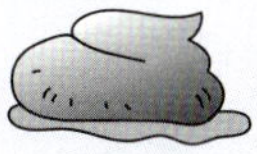

황금색 똥

청결 습관 씻기 싫어요!

이닦기 대장이야!
이닦기 싫어!
이 닦기 싫어요!
칫솔맨 도와줘요!
콧구멍을 후비면
개구쟁이 해리!
목욕은 싫어요
진흙투성이 피스터

이 닦기 대장이야!

글 / 그림	이윤정 / 이지은		
출판사	웅진주니어	출판 연도	2009

줄거리

주인공 콩이는 이 닦기를 싫어합니다. 친구들이 입에서 냄새난다고 스컹크라고 불러도 이 닦기를 싫어합니다. 엄마는 이를 안 닦아서 입냄새가 난다고 말하지만 콩이는 엄마가 이 닦자고 말하면 도망만 갑니다. 그런데 어느 날 콩이가 좋아하는 포도맛 사탕을 깨물었는데 이가 아파 옵니다. 치아를 건강하게 관리하는 방법과 치과는 무섭고 두려운 곳이 아니라는 것을 알려줍니다.

치료적 발문 과정

인식 질문

- 이 닦기 싫어하는 콩이를 보면서 어떤 생각이 드나요?
- 콩이에게 무슨 말을 해 주고 싶나요?

고찰 질문

- 콩이의 별명은 무얼까요?
- 친구들이 스컹크라고 부르는 이유는 뭘까요?
- 콩이가 이를 닦을 때 외웠던 주문은 무엇이었나요?
- 콩이의 이가 아픈 이유는 무얼까요?

창의 질문

- 콩이가 계속 이를 닦지 않았다면 어떻게 되었을까요?

- 음식을 먹고 이를 닦지 않으면 어떻게 될까요?
- 칫솔에 치약을 묻히고 어떻게 이를 깨끗이 닦았지요?
- 콩이 입에서 왜 방귀 냄새가 났을까요? 방귀 냄새가 나지 않으려면 어떻게 해야 할까요?

적용 질문

- 콩이처럼 이를 닦기 싫은 적이 있었나요? 어떤 경우에 그런 생각이 드나요? 왜 이 닦기가 싫은가요?
- 이 닦기 싫을 때는 어떻게 하나요? 그렇다고 이를 닦지 않으면 어떻게 될까요?
- 이가 아팠을 때 어떻게 하고 싶었나요?
- 이 닦을 때는 어떻게 닦아야 할까요? 이를 닦고 나면 어떤 기분이 드나요?

행복한 창의력
Happy Creativity

음식을 먹고 이를 닦지 않으면 어떻게 될까요?

이 닦기 싫어!

글 / 그림	차보금 / 방정화		
출판사	삼성출판사	출판 연도	2004

줄거리

토끼는 좋아하는 사탕을 먹고 이를 닦지 않습니다. 이를 닦지 않은 토끼의 입 안은 벌레가 우글거리고 아프기까지 합니다. 이런 토끼에게 악어 선생님은 칫솔에 치약을 짜서 이를 닦는 방법을 가르쳐 줍니다. 이를 닦지 않는 아동들에게 양치를 하지 않으면 어떤 일이 벌어지는지, 어떻게 하는 것이 올바른 양치질인지 알려줍니다.

치료적 발문 과정

인식 질문

- 이 책을 읽고 나니 어떤 생각이 드나요?
- 가장 기억에 남는 부분은 어디인가요?

고찰 질문

- 토끼는 어떤 음식들을 먹고 이를 닦지 않았나요?
- 토끼가 음식을 먹고 왜 바로 이를 닦지 않았나요?
- 토끼가 이를 닦지 않아서 입 안이 어떻게 변했나요?
- 악어 의사가 토끼에게 어떻게 이를 닦으라고 알려주었나요?
- 악어 의사가 어떤 치아부터 닦으라고 했나요?

창의 질문

- 사탕을 먹은 후에 이를 닦지 않고 자면 어떤 일이 벌어질까요?

- 토끼가 악어 의사의 말을 듣지 않았다면 어떻게 되었을까요?
- 벌레가 입 안에 있으면 어떤 느낌일까요?
- 이를 어떻게 닦아야 올바르게 닦는 것일까요?

적용 질문

- 토끼 이빨을 갉아먹는 벌레들을 보니 무슨 생각이 드나요?
- 치과가 무섭다고 느낀 적이 있나요? 왜 무섭다고 느꼈나요?
- 치과에 자주 가지 않으려면 어떻게 해야 할까요?

행복한 창의력
Happy Creativity

올바른 잇솔질 방법을 말해 보세요!

이 닦기 싫어요!

글 / 그림 / 옮김	안나 카살리스 / 마르코 캄파넬라 / 고우리		
출판사	키득키득	출판 연도	2008

줄거리

또또는 이 닦기를 무척 싫어하는 꼬마 생쥐입니다. 이 닦기가 귀찮아서 초콜릿을 먹고 나서는 엄마 몰래 도망가 버립니다. 그런 또또에게 엄마는 항상 자기 전에 이를 닦으라며 잔소리를 하고 자기 전에 책을 읽어 줍니다. 아빠와 함께 간 치과에서 의사 선생님은 또또가 이를 안 닦는다는 것을 알고 책 선물을 합니다. 그러던 어느 날 또또의 친구 디디가 놀러와 과자를 먹고 역시나 이를 닦지 않고 잠이 들어 버립니다. 다음 날 디디는 이가 아프다며 울면서 치과에 갑니다. 그 모습을 본 또또는 화장실로 달려가 의사 선생님이 주신 책을 보며 이를 닦는다는 이야기입니다.

치료적 발문 과정

인식 질문

- 이 책을 읽고 어떤 부분이 가장 인상에 남나요?
- 디디에게 무슨 말을 해 주고 싶나요?

고찰 질문

- 또또는 왜 이 닦기가 싫었을까요?
- 또또가 의사 선생님께 받은 선물은 무엇인가요?
- 또또의 친구 디디는 어디가 아파서 병원에 갔나요?
- 디디가 아침에 왜 울었을까요?
- 또또는 왜 이를 닦게 되었을까요?

창의 질문

- 또또가 이를 닦을 수 있도록 부모님이 어떻게 하면 좋을까요?
- 또또와 비슷한 점이나 다른 점이 있나요?
- 디디가 아침에 이가 아프지 않았다면 또또의 행동에 변화가 생겼을까요?

적용 질문

- 이가 아픈 적이 있나요? 이가 아팠을 때 기분이 어땠나요?
- 네가 또또라면 어떻게 했을까요?

행복한 창의력
Happy Creativity

또또와 비슷한 점이나 다른 점이 있나요?

■ 비슷한 점	■ 다른 점

칫솔맨 도와줘요!

글 / 그림	정희재 / 박선영		
출판사	책읽는곰	출판 연도	2010

줄거리

치치는 사탕, 과자, 초콜릿, 아이스크림을 좋아합니다. 하지만 이 닦기는 싫어해서 엄마가 안 보이면 하는 척만 합니다. 어느 날 자고 있는 치치는 울음소리가 들려와서 따라가게 되는데 그곳은 치치의 입 속입니다. 치치의 이와 잇몸은 충치 때문에 아파서 울고 있었습니다. 치치는 겁이 나서 도망쳤지만 충치 벌레들이 따라와서 엄마랑 하던 칫솔맨을 떠올리며 칫솔맨을 외쳤습니다. 그러자 칫솔맨이 나타나 충치를 물리치고 결국 용기를 내어 튼튼니 박사님을 찾아가 잇몸이 낫게 되었다는 이야기입니다.

치료적 발문 과정

인식 질문

- 동화를 읽고 어떤 생각이 드나요?
- 가장 기억에 남는 부분은 어디인가요?

고찰 질문

- 치치의 입 안에서 어떤 일이 벌어지고 있었나요?
- 입 안 단단이는 왜 울고 있었나요?
- 충치 벌레들은 왜 치치를 따라왔나요?
- 칫솔맨이 치치를 어떻게 도와주었나요?
- 칫솔맨의 모습은 어땠나요?

창의 질문

- 만약 입 속에 충치 벌레들이 있다면 어떤 일이 벌어질까요?
- 엄마와 칫솔맨 놀이를 하지 않았다면 칫솔맨을 부를 수 있었을까요?
- 칫솔맨을 부르지 않았다면 어떤 일이 일어났을까요?
- 치치는 어떻게 해서 칫솔맨과 친해지게 되었나요?

적용 질문

- 입 안에 충치 벌레가 있다고 생각하나요?
- 치치처럼 꿈 속에서 충치 벌레들이 이를 아프게 했던 적이 있나요? 그렇다면 충치벌레를 어떻게 물리쳤나요?
- 치치의 모습을 보면서 어떤 생각이 드나요?

행복한 창의력
Happy Creativity

입 속에 충치 벌레들이 있다면?

콧구멍을 후비면

글 · 그림 / 옮김	사이코 타카코 / 안미연		
출판사	애플비	출판 연도	2006

줄거리

콧구멍을 후비거나 손가락을 빨거나 이를 닦지 않는 습관을 가진 아동들에게 귓볼을 잡아당기면 코끼리처럼 쭈욱 늘어나 버리고, 배꼽을 자꾸 쑤시면 배꼽에 구멍이 뻥 뚫리고, 이를 닦지 않으면 이가 다 빠져서 입이 쭈글쭈글해진다는 무섭지만 재미있는 내용을 통해 아이의 나쁜 습관을 대신할 방법을 이야기해 주고 있습니다.

치료적 발문 과정

인식 질문

- 책을 읽고 나니 어떤 생각이 드나요?
- 책에 나온 습관 중에서 어떤 습관이 인상에 남았나요?

고찰 질문

- 친구가 하고 싶은 대로 몸을 만지니까 어떻게 되었나요?
- 손가락을 빠는 주인공의 손이 어떻게 되었나요?
- 배꼽을 파고 싶을 때는 대신 무엇을 하라고 했나요?
- 코를 파고 싶을 땐 어떻게 해야 하나요?

창의 질문

- 책에 나온 방법 외에 콧구멍을 후비는 대신 어떤 것을 하면 좋을까요?
- 내가 만지고 싶은 신체를 자주 만지게 되면 어떤 일이 벌어질까요?

- 신체 부위를 계속 만지면 어떻게 될까요?

적용 질문

- 주인공처럼 신체 일부를 만지는 습관이 있나요? 그러한 습관이 생긴 이유는 무얼까요?
- 신체 부위를 만지는 친구가 옆에 있다면 어떤 느낌이 드나요? 친구에게 어떻게 하라고 말하고 싶나요?
- 신체 부위를 만지지 않기 위해 어떠한 노력을 해 보았나요?

행복한 창의력
Happy Creativity

신체 부위를 계속 만지면 어떻게 될까요?

진흙투성이 피스터

글 / 그림 / 옮김	에릭 존 슬랜저럽 / 존 맨더스 / 김양선		
출판사	북키드	출판 연도	2002

줄거리

진흙놀이를 좋아하는 피스터는 매일 진흙으로 장난을 치고 놉니다. 하지만 진흙으로 범벅이 된 몸을 씻는 것은 싫어합니다. 어느 날 피스터는 목욕시키려던 엄마를 피해 숲 속으로 도망가다가 진흙 거인을 만나게 됩니다. 천 년 동안 씻지 않은 진흙 거인과 친구가 되었지만 진흙 거인이 더러운 자신을 잡아먹으려고 하자 집으로 달아납니다. 집에 돌아온 피스터는 더러워진 자신을 내보이며 엄마와 깨끗하게 목욕을 하게 된다는 내용입니다.

치료적 발문 과정

인식 질문

- 이 책을 읽고 나니 어떤 생각이 드나요?
- 책 제목을 보니 어떤 내용일 것 같나요?

고찰 질문

- 피스터가 가장 싫어하는 것은 무엇인가요?
- 피스터는 숲 속에서 누구를 만났나요?
- 피스터는 씻기를 왜 싫어했을까요?

창의 질문

- 진흙 거인은 어디로 사라졌을까요?

- 우리 몸을 씻지 않을 때와 씻을 때 우리 몸은 어떤 변화가 있을까요?
- 우리 몸을 씻지 않으면 어떤 일이 생길까요?

적용 질문

- 몸을 씻기 싫은 적이 있나요? 왜 씻기 싫었나요?
- 내가 씻지 않고 다니면 다른 사람들이 어떻게 생각할까요?

행복한 창의력
Happy Creativity

몸을 씻을 때와 씻지 않을 때 우리 몸은 어떤 변화가 있을까요?

■ 몸을 씻지 않을 때	■ 몸을 씻을 때

개구쟁이 해리! 목욕은 싫어요

글 / 그림 / 옮김	G. 자이언 / M. 그래엄 / 임정재		
출판사	사파리	출판 연도	2001

줄거리

해리는 하얀 털에 검은 무늬가 있는 점박이 강아지입니다. 해리는 무엇이든지 좋아하지만 목욕만은 정말 싫어합니다. 어느 날, 해리는 목욕솔을 뒤뜰에 묻고 도망을 쳤습니다. 그리고는 하얀 털이 새까맣게 될 때까지 몸을 더럽히면서 신나게 놀았습니다. 하지만 더러워진 해리를 식구들은 알아보지 못했습니다. 자신을 알아보지 못하는 식구들에게 해리는 물구나무를 서고 눈을 감고 죽은 시늉을 하는 재주를 부립니다. 그제서야 식구들은 해리를 알아보고 검은색 점이 있는 하얀 강아지 해리를 만들기 위해 목욕을 시킨다는 내용입니다.

치료적 발문 과정

인식 질문

- 책을 읽고 나서 어떤 생각이 들었나요?
- 해리에게 어떤 말을 해 주고 싶나요?

고찰 질문

- 해리는 세상에서 무엇을 제일 싫어하나요?
- 목욕탕에 물을 틀자 해리는 무엇을 입에 물고 달려갔나요?
- 해리가 집에 돌아왔을 때 왜 식구들은 알아보지 못했을까요?

창의 질문

- 해리는 왜 목욕솔을 땅 속 깊이 묻어 버렸을까요?
- 더러운 것들은 어떤 것들이 있나요?
- 목욕을 하지 않으면 우리 몸은 무엇이라고 말할까요?

적용 질문

- 목욕을 싫어하는 친구를 본 적이 있나요? 어떤 생각이 드나요?
- 어떻게 하면 목욕이 즐거워질 수 있을까요?

행복한 창의력
Happy Creativity

어떻게 하면 목욕이 즐거워질 수 있을까요?

잠이 안 와요!

수면 습관

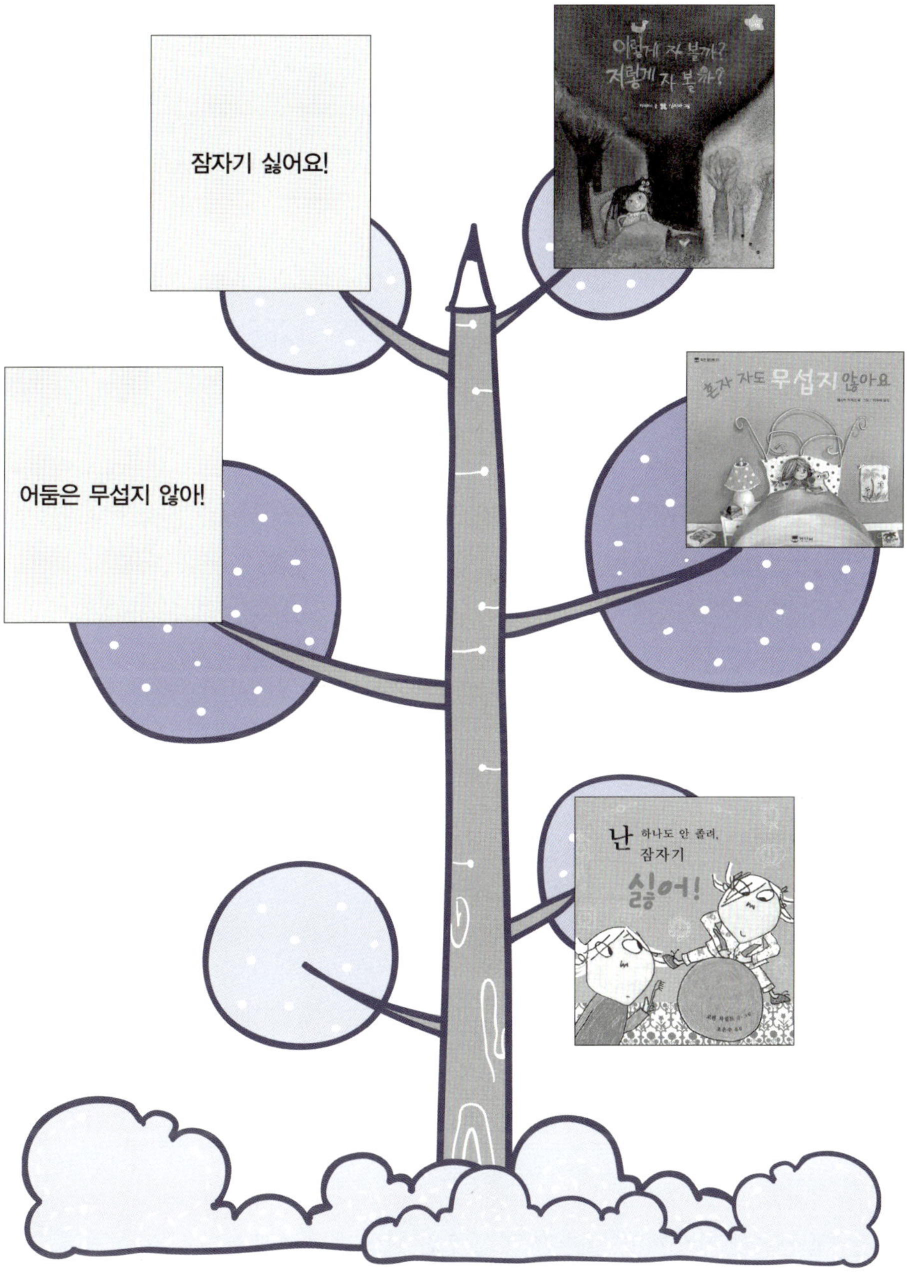

잠자기 싫어요!

글 / 그림 / 옮김	안나 카살리스 / 마르코 캄파넬라 / 이현경		
출판사	키득키득	출판 연도	2008

줄거리

꼬마 생쥐 또또는 밤에 쉽게 잠에 들지 못합니다. 잠자리에 누웠다가도 일어나서 엄마에게 동화책을 읽어 달라고도 하고 목이 마르다고 투정을 부리기도 합니다. 잠자는 것이 싫다고 말하는 또또에게 엄마는 잠을 자야 하는 이유를 알려줍니다. 또또는 잠자는 것이 시간 낭비가 아니라 꿈을 꾸면서 자는 것이 재미있다는 것을 알게 되는 이야기입니다.

치료적 발문 과정

인식 질문

- 이 책을 읽고 나니 무슨 생각이 드나요?
- 또또에게 무슨 말을 해 주고 싶나요?

고찰 질문

- 또또는 왜 잠자기 싫어할까요?
- 잠은 왜 푹 자야 하는 걸까요?
- 또또는 잠 자기 싫어서 어떠한 행동을 했나요?
- 엄마는 또또에게 잠을 자야 하는 이유가 뭐라고 했나요?

창의 질문

- 잠자기 싫다고 계속 눈을 뜨고 있으면 어떻게 될까요?

- 잠을 자면 우리 몸에 어떤 일이 일어날까요?
- 또또가 잠자는 것을 좋아하도록 어떻게 해 주면 될까요?

적용 질문

- 잠자기 싫어하는 또또에게 무슨 말을 해 주고 싶나요?
- 잠자기 싫은 적이 있나요? 왜 싫었나요?
- 잠자기 싫을 때 어떻게 했나요?
- 잠을 자면 좋은 점이 어떤 것이 있을까요?

행복한 창의력
Happy Creativity

잠을 자면 어떤 점이 좋을까요?

이렇게 자 볼까? 저렇게 자 볼까?

글 / 그림	이미애 / 심미아		
출판사	보림	출판 연도	2000

줄거리

잘 시간이 되어도 잠을 이루지 못하는 여자 아이가 있습니다. 쿨쿨 잠에 빠진 고양이를 바라보면서 다양하게 잠을 자는 상상을 합니다. 흔들흔들 빨랫줄에 매달려서, 송글송글 밤이슬처럼, 야들야들 상추 잎 뒤에 찰싹 붙어서, 뱅글뱅글 달팽이처럼, 우툴두툴 바윗돌에 납작 엎드려서, 엉금엉금 청거북처럼 자는 모습을 상상하며 아이는 이불을 덮고 포근히 잠듭니다.

치료적 발문 과정

인식 질문

- 주인공을 보니 어떤 생각이 드나요?
- 어떤 장면이 가장 기억에 남나요?

고찰 질문

- 주인공이 '누구처럼 자 볼까' 하고 생각했나요?
- 주인공은 '어떤 모습으로 자 볼까' 생각했나요?
- 결국 주인공은 어디에서 잠을 잘 잘 수 있었나요?

창의 질문

- 어떻게 자면 잠을 잘 잘 수 있을까요?
- 사람과 동물이 자는 방법에는 어떤 다른 점과 비슷한 점이 있을까요?

- 만약 박쥐처럼 거꾸로 매달려서 자면 어떤 일이 벌어질까요?
- 박쥐처럼 잠을 잘 수 있다면? 없다면? 왜 그럴까요?

적용 질문

- 잠이 오지 않은 적이 있었나요? 어떤 기분이었나요?
- 잠을 자기 위해 어떠한 노력을 해 보았나요?
- 주인공에게 잠을 가장 잘 잘 수 있는 방법을 어떻게 말해 줄 수 있을까요?

행복한 창의력
Happy Creativity

사람과 동물이 자는 방법에는 어떤 다른 점과 비슷한 점이 있을까요?

■ 다른 점	■ 비슷한 점

어둠은 무섭지 않아!

글 · 그림 / 옮김	엘라 버풋 / 엄혜숙		
출판사	대교출판	출판 연도	2009

줄거리

어둠이라는 친구와 함께 놀다가 지쳐서 데이지는 잠이 듭니다. 데이지는 어둠을 무서워하지 않고 친구처럼 노는 존재로 생각합니다. 데이지는 어둠과 놀다가 자신이 어둠과 헤어질 때라는 것을 알고 스스로 잠에 빠져듭니다. 데이지에게 어둠은 무서운 존재가 아니라 친구입니다.

치료적 발문 과정

인식 질문

- 이 책을 읽고 나니 어떤 생각이 드나요?
- 데이지에게 해 주고 싶은 말이 있나요?
- 어둠이라는 단어를 들으면 어떤 생각이 드나요?

고찰 질문

- 데이지는 어둠을 무서워했나요?
- 데이지는 어둠과 어떻게 놀았나요?
- 데이지가 어둠과 헤어질 때는 어떻게 했나요?

창의 질문

- 잠과 어둠의 비슷한 점은 무엇인가요?
- 데이지가 어둠을 무서워했다면 어떤 행동을 했을까요?

- 어둠에게 색깔이 있다면 어떤 색일까요?
- 어둠과 밝음의 차이는 무얼까요?

적용 질문

- 어둠을 무서워한 적이 있나요? 왜 무서워했나요?
- 어둠을 무서워하지 않기 위해서 어떻게 했나요?
- 데이지처럼 어둠과 친해질 수 있는 방법에는 어떤 것이 있을까요?

행복한 창의력
Happy Creativity

어둠을 무서워하지 않기 위해서 어떻게 하나요?

혼자 자도 무섭지 않아요

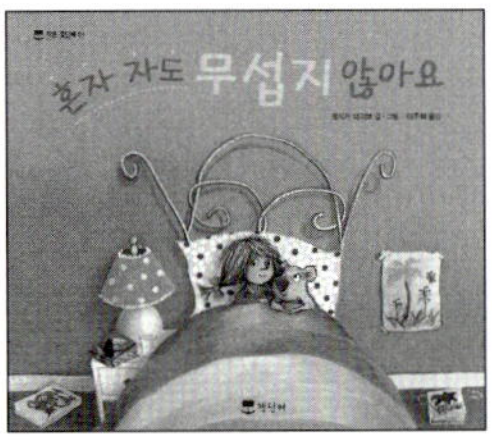

글 · 그림 / 옮김	제시카 미저브 / 이주혜		
출판사	책단배	출판 연도	2010

줄거리

주인공 벨라의 잠자리에는 아주 특별한 곰 아서가 있습니다. 벨라가 잠이 들면 아서는 어둠 속에서 괴물을 모두 쫓아냅니다. 그러던 어느 날 아서가 사라지자 벨라는 어둠 속에서 악몽을 꾸기 시작합니다. 벨라는 너무 무서워 동생 핀리의 침대로 숨었는데 핀리의 이불 속에서 아서의 코를 발견합니다. 벨라는 기뻐서 아서를 안고 방을 나가려는데 동생 핀리가 울먹이자 다시 아서를 핀리에게 돌려주고 혼자 자게 된다는 이야기입니다.

치료적 발문 과정

인식 질문

- 이 책을 읽고 나니 어떤 생각이 드나요?
- 벨라에게 하고 싶은 말이 있나요?

고찰 질문

- 벨라는 왜 잠자는 것이 무서웠을까요?
- 벨라에게 아서는 왜 특별했을까요?
- 아서가 옆에 없을 때 어떤 일이 일어났을까요?
- 벨라는 동생에게 왜 아서를 다시 돌려줬을까요?

창의 질문

- 만약 동생의 침대에서 아서를 발견하지 못했다면 어떻게 되었을까요?

- 동생이 아서를 가지고 나갔을 때 울지 않았다면 어떻게 되었을까요?
- 벨라가 아서가 아닌 다른 방법으로 무서움을 떨쳐 버릴 수 있는 방법은 무엇일까요?

적용 질문

- 벨라처럼 잠을 잘 때 무서웠던 적이 있나요? 왜 무서웠나요?
- 벨라처럼 잠을 잘 때 위로가 되는 물건이나 사람이 있나요?
- 왜 그 물건이나 사람이 위안이 되었나요?
- 만약 그 물건이 없어진다면 어떤 기분이 들까요?

행복한 창의력
Happy Creativity

무서움을 떨쳐 버릴 수 있는 방법은 무엇일까요?

난 하나도 안 졸려, 잠자기 싫어!

글 · 그림 / 옮김	로렌 차일드 / 조은수		
출판사	국민서관	출판 연도	2002

줄거리

주인공에게는 롤라라는 여동생이 있습니다. 그러나 롤라를 재우기는 힘든 일입니다. 왜냐하면 롤라는 밤 늦게까지 안 자는 걸 좋아하기 때문입니다. 롤라는 잠을 자는 대신에 색칠하고 끄적거리고 이것저것 풀로 붙이고 요리조리 꿈틀거리고 끊임없이 재잘댑니다. 오빠가 잠을 재우려고 해도 이런저런 핑계를 대면서 싫다고만 합니다. 그런 롤라에게 오빠 찰리는 동생의 요구에 응해 주고 동생이 바라는 바대로 호랑이에게 딸기 우유를 만들어 주고, 고래를 내쫓아 줍니다.

치료적 발문 과정

인식 질문

- 이 책을 읽고 나니 어떤 생각이 드나요?
- 롤라에게 하고 싶은 말이 있나요?

고찰 질문

- 롤라의 문제는 무얼까요?
- 롤라는 잠을 자는 대신 무엇을 했나요?
- 롤라는 자기 전 목욕을 왜 하기 싫다고 했나요?
- 목욕을 하지 않는 롤라를 위해 찰리 오빠는 어떻게 해 주었나요?

창의 질문

- 롤라가 잠자는 대신 하는 놀이를 하지 못하게 한다면 어떻게 될까요?
- 내가 만약 오빠라면 롤라를 잠재우기 위해 어떤 방법을 사용했을까요?

적용 질문

- 잠이 오지 않은 적이 있었나요? 어떤 기분이었나요?
- 잠을 자기 위해 어떠한 노력을 해 보았나요?
- 밤 늦게까지 잠을 자지 않으면 가족들의 기분은 어떨까요?
- 만약 내가 롤라라면 어떻게 할까요?

행복한 창의력
Happy Creativity

만약 나에게 롤라 같은 동생이 있다면 어떤 방법으로 잠을 재울까요?

생활 예절 예의 바르게 행동해요!

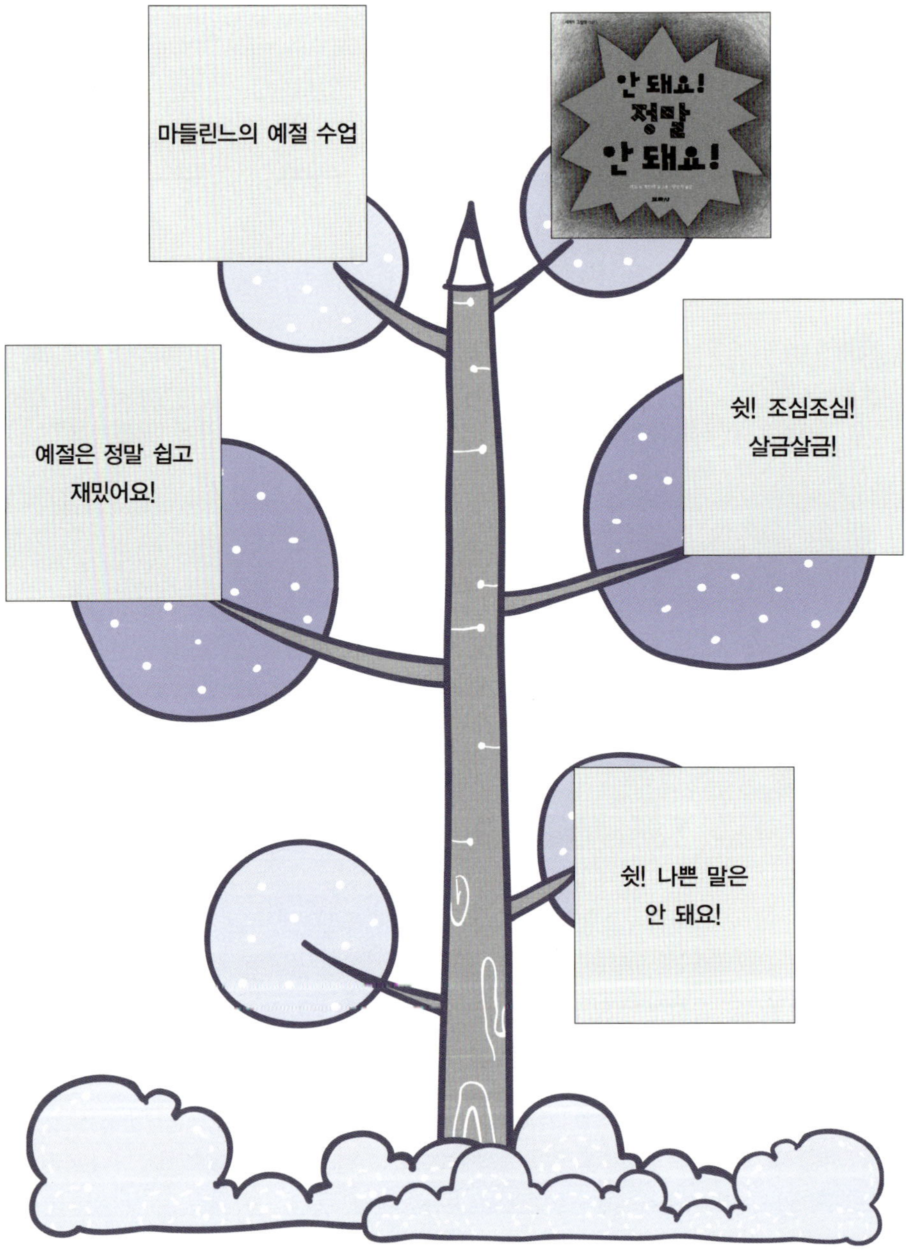

마들린느의 예절 수업

글 · 그림 / 옮김	존 베멀먼즈 마르시아노 / 엄혜숙		
출판사	한솔수북	출판 연도	2008

줄거리

프랑스 파리에 있는 오래된 기숙사에서 살고 있는 열두 여자 아이들 중 마들린느는 가장 작지만 언제나 용감하고, 장난을 좋아하지만 때로는 어른스럽고 마음 따뜻한 아이입니다. 가끔 베개 싸움도 하고, 실수로 주스도 쏟습니다. 그러나 클라벨 선생님은 기숙사 열두 여자 아이들에게 생활 속에서 '안녕하세요?, 웃어요, 부탁해요, 고마워요, 미안해, 잘못했어, 용서해 줘, 잘 자요.' 와 같은 말을 언제, 누구한테, 어떻게 말해야 하는지와 친절하게 대하기, 다른 사람 먼저 생각하기 등을 알려줍니다.

치료적 발문 과정

인식 질문

- 이 책을 읽고 어떤 점을 느꼈나요?
- 마들린느에게 어떤 말을 하고 싶나요?

고찰 질문

- 마들린느는 누군가를 만나면 어떻게 인사했나요?
- 마들린느는 선물을 받으면 뭐라고 이야기했나요?
- 친구에게 부탁을 할 때 마들린느는 어떻게 해야 한다고 했나요?
- 친구에게 미안하다고 이야기할 때에는 어떤 마음으로 이야기해야 한다고 했나요?

창의 질문

- 친구에게 인사하는 방법에는 어떤 것이 있을까요?
- 내가 '안녕, 고마워, 미안해' 라는 말을 했는데 친구가 받아 주지 않으면 어떻게 해야 할까요?

적용 질문

- 친구를 만났을 때 인사를 하지 않은 적이 있나요? 왜 인사를 하지 않았나요? 친구의 기분은 어땠을까요?
- 네가 친구에게 인사를 했는데 친구가 무시한다면 어떤 기분이 들까요?
- 마들린느처럼 예절 바른 어린이가 되려면 어떻게 해야 할까요?

행복한 창의력
Happy Creativity

예절 바른 어린이가 되려면 어떻게 해야 할까요?

안 돼요! 정말 안 돼요!

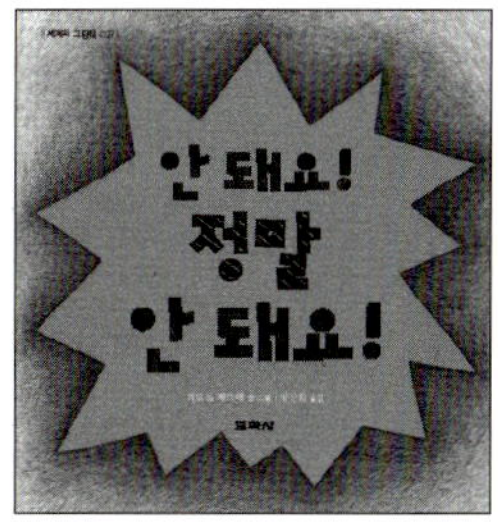

글 · 그림 / 옮김	피토 & 제르베 / 양진희		
출판사	교학사	출판 연도	2006

줄거리

일상생활을 하면서 공공장소에 과자 껍데기를 버리거나 음식에다 침을 뱉는 행동, 엄마 지갑에 손을 대거나 수영장에 쉬를 하는 등 남에게 피해가 되는 행동은 하면 안 됩니다. 또한 달리는 차에 돌멩이를 던지거나 철길에 장애물을 놓아 두는 것은 위험하기 때문에 절대로 해서는 안 된다는 것을 말해 주고 있습니다. 이렇게 어린이들과 어른들에게는 지켜야 할 행동들이 있다는 것을 알려주는 이야기입니다.

치료적 발문 과정

인식 질문

- 이 책을 읽고 나니 어떤 생각이 드나요?
- 가장 기억에 남는 장면은 어디인가요?

고찰 질문

- 친구들이 하면 안 되는 일이 무엇이었나요?
- 어른들이 하면 안 되는 일에는 무엇이 있었나요?
- 철길에 장애물을 놓아 두면 왜 안 되나요?

창의 질문

- 친구들끼리 해서는 안 되는 행동들을 하면 어떤 일이 벌어질까요?
- 어른들이 나쁜 행동을 하면 어떻게 해야 될까요?

- 나쁜 행동을 좋은 행동으로 바꾸게 하려면 어떤 방법이 있을까요?

적용 질문

- 친구들에게 하면 안 되는 행동을 한 적이 있나요? 그런 행동을 한 이유는 뭘까요?
- 친구가 나에게 하면 안 되는 행동을 했을 때의 기분은 어땠나요?
- 해서는 안 되는 행동을 하는 친구들에게 어떤 도움을 주면 좋을까요?

행복한 창의력
Happy Creativity

내가 한 나쁜 행동을 좋은 행동으로 바꾸어 보세요!

■ 나쁜 행동		■ 좋은 행동
	➡	
	➡	
	➡	
	➡	
	➡	
	➡	
	➡	
	➡	
	➡	
	➡	

예절은 정말 쉽고 재밌어요!

글 / 그림 / 옮김	크리스티네 메르츠 / 베티나 고첸바크 / 이루리		
출판사	창조아이	출판 연도	2006

줄거리

레오니는 기분이 들떠 있습니다. 왜냐하면 엄마가 엘지어 숙모님이 집에 오실 때 레오니가 예의 바르게 행동하면 선물을 주기로 약속했기 때문입니다. 하지만 레오니는 어떤 게 예의바른 행동인지 궁금해합니다. 할머니는 레오니와 친구 막스에게 여러 가지를 예절 행동–손님이 오시면 반갑게 인사할 것, 손님 앞에서 코를 후벼서는 안 된다는 것, 식사 중에 소리를 내며 먹어도 안 된다는 것 등을 가르쳐 주십니다. 레오니는 예절을 배우는 것은 어렵지 않으며 오히려 쉽고 재미있다는 것을 느끼게 됩니다.

치료적 발문 과정

인식 질문

- 이 책을 읽고 어떤 점을 느꼈나요?
- 예절이 무엇이라고 생각하나요?

고찰 질문

- 레오니는 왜 기분이 들떠 있었나요?
- 엄마는 레오니와 무슨 약속을 했나요?
- 마이어 할머니는 어떤 예절 행동을 가르쳐 주셨나요?
- 식사는 어떻게 해야 하나요?

창의 질문

- 만약 마이어 할머니가 예절 행동을 가르쳐 주지 않았다면 어떤 일이 벌어졌을까요?
- 엘지어 숙모님이 왔을 때 어떻게 하는 것이 예의 바른 행동일까요?

적용 질문

- 집에 어른들이 찾아온 적이 있나요? 어떻게 행동했나요?
- 손님이 오실 때 반갑게 인사를 했나요? 어떤 기분이었나요?
- 손님들은 인사를 받고 어떤 반응을 보였나요?

행복한 창의력
Happy Creativity

집에 손님이 왔을 때 어떻게 하는 것이 예의 바른 행동인가요?

쉿! 조심조심! 살금살금!

글 / 그림	이상교 / 허성미		
출판사	두산동아	출판 연도	2007

줄거리

은재와 선재는 할아버지와 할머니를 만나러 갑니다. 지하철을 탄 은재와 선재는 큰 소리로 떠들어 옆사람을 깨우고, 제자리에서 뛰다가 서 있는 사람의 가방을 떨어뜨리기도 합니다. 할아버지와 할머니를 만나러 가는 동안 은재과 선재의 행동들을 통해, 일상생활 속에서 그리고 다른 사람과 함께 있는 공공장소인 지하철과 식당에서 하는 잘못된 태도들을 보여주면서 공공예절을 익히게 해 줍니다.

치료적 발문

인식 질문

- 이 책을 읽고 어떤 점을 느꼈나요?
- 어떤 장면이 가장 기억에 남나요?

고찰 질문

- 은재는 어떤 행동을 보였나요?
- 선재는 어떤 행동을 보였나요?

창의 질문

- 지하철에서는 어떻게 행동해야 하나요?
- 식당에서는 어떻게 행동해야 하나요?

적용 질문

- 식당에서 시끄럽게 돌아다니는 친구를 본 적이 있나요? 어떤 생각이 들었나요?
- 지하철이나 식당에서 시끄럽게 하는 친구를 보면 어떻게 말해 주고 싶나요?
- 만약 내가 은재와 선재였다면 어떻게 행동했을까요?

행복한 창의력
Happy Creativity

만약 내가 은재와 선재였다면 지하철과 식당에서 어떻게 행동했을까요?

■ 지하철에서	■ 식당에서

쉿, 나쁜 말은 안 돼요!

글 / 그림 / 옮김	에디트 슈라이버 비케 / 카롤라 홀란트 / 유혜자		
출판사	토마토하우스	출판 연도	2005

줄거리

라오라와 레오는 사이좋은 친구입니다. 카드 게임을 하던 라오라는 레오에게 다섯 번이나 지자 화가 나서 레오에게 나쁜 말을 하고 말았습니다. 라오라는 진심이 아니었지만 곧바로 사과를 하지도 않았습니다. 라오라와 레오가 겪게 되는 갈등과 화해하기까지의 과정을 통해 왜 나쁜 일을 하면 안 되는지 알려주는 내용입니다.

치료적 발문 과정

인식 질문

- 이 책을 읽고 나니 어떤 생각이 드나요?
- 가장 기억에 남는 장면은 어떤 것인가요?
- 라오라에게 어떤 말을 해 주고 싶나요?

고찰 질문

- 라오라는 왜 화가 났나요?
- 화가 난 라오라는 레오에게 어떻게 했나요?
- 나쁜 말을 하고 나서 라오라는 레오에게 어떻게 했나요?
- 나쁜 말을 들은 레오의 기분은 어땠을까요?

창의 질문

- 유치원(학교)에서 친구에게 해서는 안 되는 말에는 어떤 것들이 있을까요?

- 유치원(학교)에서 친구들을 사귈 수 있는 좋은 말에는 어떤 것들이 있을까요?
- 라오라에게 나쁜 말을 들은 레오가 선생님께 말했다면 어떻게 되었을까요?

적용 질문

- 친구와 게임할 때 진 적이 있나요? 기분이 어땠나요?
- 친구에게 나쁜 말을 하면 기분이 어떨까요?
- 친구가 나에게 나쁜 말을 하면 기분이 어떨까요?
- 나쁜 말을 하는 친구에게 어떤 말을 해 주고 싶나요?

행복한 창의력
Happy Creativity

친구에게 해서는 안 되는 말에는 어떤 것들이 있을까요?

2장 사회성

:: 친구-사귀기 ::

- 친구가 생긴 날
- 무지개 물고기
- 애벌레 찰리
- 안녕, 해리!
- 까만 크레파스
- 외톨이 사자는 친구가 없대요

:: 친구-화해하기 ::

- 미안해
- 싸우지 말고 사이좋게
- 유치원에 심술쟁이가 있어요!
- 아씨방 일곱 동무
- 내 거야!
- 여섯 마리 까마귀
- 우리 엄마한테 이를 거야

사회성

:: 등교 거부 ::

- 학교 안 갈 거야
- 난 학교 가기 싫어
- 유치원에 가기 싫어요!
- 보리의 시끌벅적 유치원
- 짝꿍 바꿔 주세요!

:: 협동 및 나눔 ::

- 으뜸 헤엄이
- 팥죽 할멈과 호랑이
- 커다란 순무
- 장갑
- 사과가 쿵!
- 제랄다와 거인

친구-사귀기 친구와 어울리기 힘들어요!

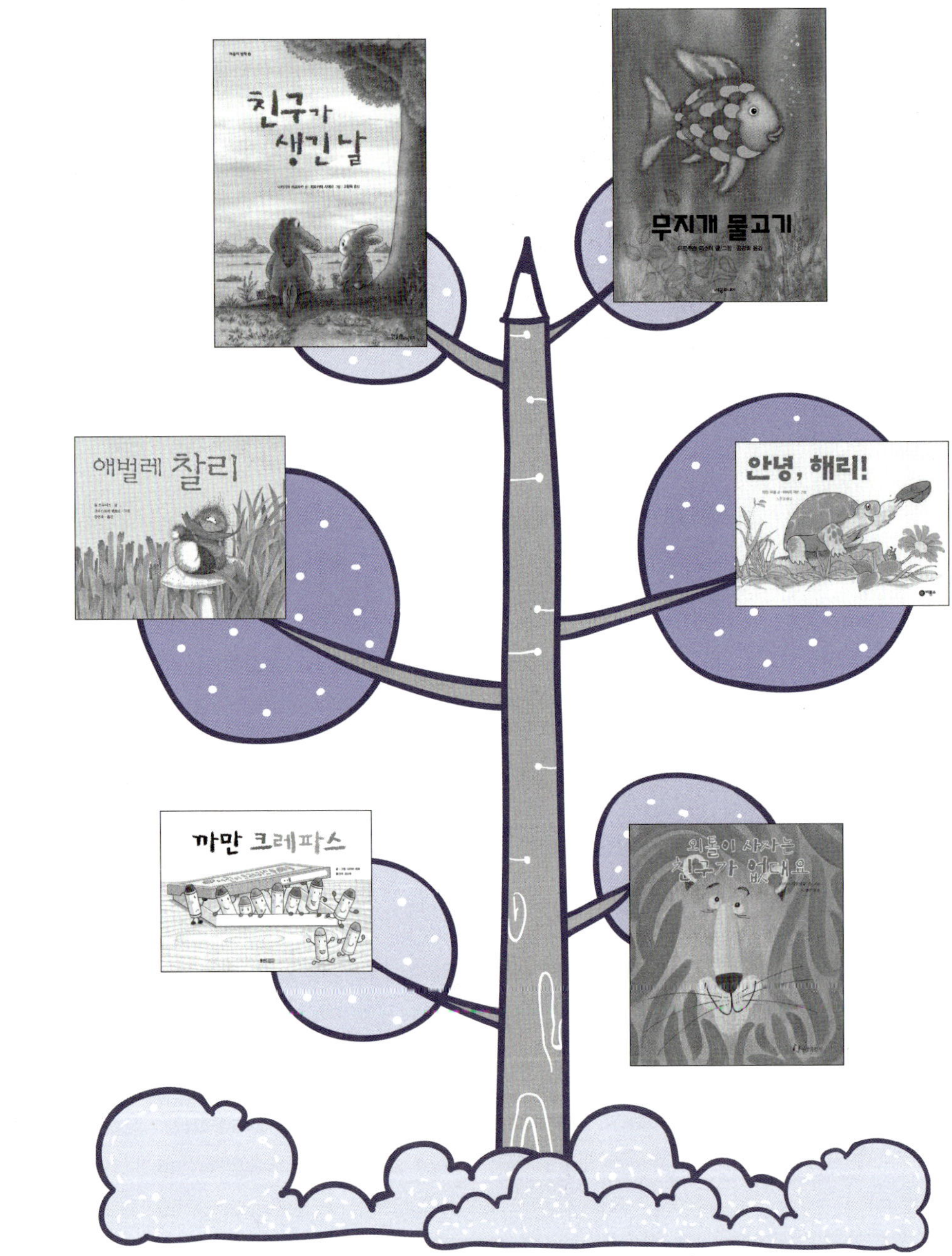

친구가 생긴 날

글 / 그림 / 옮김	나카가와 히로타카 / 하로카와 사에코 / 고향옥		
출판사	한울림 어린이	출판 연도	2009

줄거리

꼬마 악어 카이는 친구가 없어도 된다고 생각합니다. 친구가 없어도 혼자 집에 갈 수 있고 장난감을 가지고 놀 때도 친구가 있으면 짜증나고 차례를 지키는 것도 귀찮다고 생각합니다. 그런데 어느 날 숲 속에서 토끼 미미가 카이에게 풀밭에 놀러 가자고 합니다. 카이는 미미와 풀밭에서 함께 시간을 보내면서 친구가 된다는 내용이다.

치료적 발문 과정

인식 질문

- 동화를 읽고 나니 어떤 느낌이 드나요?
- 카이에게 어떤 말을 해 주고 싶나요?

고찰 질문

- 카이는 왜 친구가 필요 없다고 생각했나요?
- 카이에게 친구 하자고 다가온 동물 이름은 무엇인가요?
- 비가 멈추어서 미미가 뛰어가다가 넘어졌을 때 카이는 어떻게 했나요?
- 카이와 미미가 풀밭으로 놀러 갔을 때 카이는 어떤 기분이었나요?

창의 질문

- 친구와 어떤 놀이를 하는 게 가장 즐겁나요?
- 미미가 과자를 쪼개서 카이에게 주었을 때 카이의 기분은 어땠을까요?

- 친구와 함께 하면 혼자일 때와는 어떤 차이를 느낄까요?

적용 질문

- 나도 카이처럼 친구가 없어도 된다고 생각한 적이 있었나요?
- 카이는 미미와 친구가 되어서 기분이 어땠을까요?
- 친구는 나에게 어떤 존재일까요?
- 나는 누군가에게 어떤 친구가 되고 싶은가요?

행복한 창의력
Happy Creativity

친구와 함께 하면 혼자일 때와 어떤 차이를 느낄까요?

무지개 물고기

글 · 그림 / 옮김	마르쿠스 피스터 / 공경희		
출판사	시공주니어	출판 연도	1994

줄거리

깊은 바다 속에 온몸이 반짝반짝 빛나는 무지개 물고기가 살고 있었습니다. 다른 물고기들은 무지개 물고기의 아름다운 비늘을 부러워했지만 무지개 물고기는 아름다운 비늘을 자랑만 할 뿐 나눠 주지 않고 잘난 척을 하다가 외톨이가 되어 버렸습니다. 어느 날 무지개 물고기는 온 바다에서 가장 쓸쓸한 물고기가 되어 문어 할머니에게 찾아가 도움을 구합니다. 무지개 물고기는 아름다운 비늘을 친구들에게 한 개씩 나누어 주어 친구들과 친해지고 나누어 줄수록 행복해진다는 것을 깨닫게 됩니다.

치료적 발문 과정

인식 질문

- 책을 읽고 나서 어떤 생각이 드나요?
- 무지개 물고기에게 어떤 말을 해 주고 싶나요?

고찰 질문

- 무지개 물고기는 왜 친구를 잃게 되었나요? 무지개 물고기는 왜 따돌림을 받았나요?
- 물고기 친구들은 왜 무지개 물고기와 놀지 않았을까요?
- 문어 할머니는 무지개 물고기에게 어떻게 하라고 했나요?
- 친구를 사귀기 위해 무지개 물고기는 무엇을 나눠 주었나요?

창의 질문

- 무지개 물고기는 자기가 아끼는 것을 주었는데 왜 웃는 표정으로 바뀌었을까요?
- 만약 무지개 물고기가 비늘을 끝까지 다른 물고기들에게 나누어 주지 않았다면 어떻게 됐을까요?
- 만약 무지개 물고기가 예쁜 비늘을 가지고 있지 않았다면 다른 물고기들과 어떻게 지냈을까요?

적용 질문

- 무지개 물고기처럼 친구가 없으면 기분이 어떨 것 같나요?
- 내가 만약 다른 물고기라면 비늘을 받았을 때 기분이 어땠을 것 같나요?
- 무지개 물고기처럼 다른 친구들이 갖고 싶어 하는 어떤 것을 가지고 있나요?
- 만약 나의 소중한 것을 친구들이 달라고 한다면 어떻게 할까요?
- 친구들에게 아끼는 것을 나누어 줄 때 기분이 어떨 것 같나요?

행복한 창의력
Happy Creativity

만약 나의 소중한 것을 친구들이 달라고 한다면 어떻게 할까요?

애벌레 찰리

글 / 그림 / 옮김	돔 드루이즈 / 크리스토퍼 샌토로 / 강연숙		
출판사	느림보	출판 연도	2003

줄거리

애벌레 찰리는 재미있게 놀아 줄 친구를 찾았지만 모두들 찰리가 못생겼다며 놀아 주지 않습니다. 친구가 없어 슬퍼진 찰리는 겨울이 다가오자 고치를 짓고 잠이 듭니다. 따뜻한 봄이 되자 찰리는 아름다운 나비로 변했습니다. 예쁜 나비가 날아오자 찰리를 외면했던 친구들은 찰리와 함께 놀려고 합니다.

치료적 발문 과정

인식 질문

- 이 책에서 가장 인상에 남는 부분은 어디인가요?
- 찰리에게 어떤 이야기를 해 주고 싶나요?

고찰 질문

- 찰리는 무엇을 먹고 자랐나요?
- 애벌레 찰리가 만난 동물은 누구였나요?
- 친구들이 왜 찰리와 놀아 주지 않았나요?
- 못생긴 찰리는 겨울이 지나고 어떻게 변했나요?

창의 질문

- 네가 만약에 찰리라면 친구들에게 어떻게 할 것 같나요?
- 만약 찰리가 나비로 변하지 않았다면 친구들과 어떻게 지냈을까요?

적용 질문

- 친구들에게 놀림을 당한 경험이 있나요? 그때 어떤 기분이었나요?
- 친구를 놀린 적이 있나요? 친구의 마음은 어땠을까요?
- 친해지고 싶은 친구가 있나요? 친구한테 말을 건다면 뭐라고 하고 싶나요?
- 좋은 친구가 되려면 어떻게 해야 할까요?

행복한 창의력
Happy Creativity

친해지고 싶은 친구에게 어떤 말을 건네고 싶나요?

안녕, 해리!

글 / 그림 / 옮김	마틴 워델 / 바바라 퍼스 / 노은정		
출판사	비룡소	출판 연도	2002

줄거리

해리는 행동이 느린 느림보 거북이입니다. 해리는 나무에 앉아 친구를 찾고 있지만 토끼, 오소리, 생쥐는 해리와 말할 틈도 없이 재빨리 가 버립니다. 느림보 해리는 주위에 있는 바위와 버섯에게도 인사를 합니다. 하지만 해리는 친구가 없습니다. 그때 멀리서 달팽이 샘이 해리를 부릅니다. 행동이 느린 해리와 샘은 서로에게 동질감을 느끼며 곧 친한 친구가 됩니다.

치료적 발문 과정

인식 질문

- 이 책을 읽고 나니 어떤 생각이 드나요?
- 해리에게 어떤 이야기를 해 주고 싶나요?

고찰 질문

- 해리가 처음 만난 친구의 이름은 무엇인가요?
- 해리에겐 왜 친구가 없을까요?
- 해리는 달팽이 샘과 어떤 점이 비슷했을까요?

창의 질문

- 만약 해리가 재빨랐다면 토끼, 오소리, 생쥐와 친구가 될 수 있었을까요?
- 친구들과 사이좋게 지내는 방법에는 어떤 것이 있을까요?

- 달팽이 샘이 토끼나 오소리, 생쥐처럼 빨랐다면 해리와 친구가 될 수 있었을까요?

적용 질문

- 친구가 없이 혼자라면 어떤 기분이 들 것 같나요?
- 만약 내가 해리라면 어떻게 친구를 사귀었을까요?

행복한 창의력
Happy Creativity

만약 내가 해리라면 어떻게 친구를 사귀었을까요?

까만 크레파스

글 · 그림 / 옮김	나카야 마와 / 김난주		
출판사	웅진주니어	출판 연도	2002

줄거리

열 개의 크레파스 중 심심해하던 노란 크레파스가 밖으로 뛰쳐 나옵니다. 흰 도화지를 발견하고는 나비를 그리고 다른 색깔 크레파스를 불러와 여러 그림을 도화지 위에 가득 그립니다. 그러나 그림을 함께 그리고 싶어 하는 까만 크레파스는 끼워 주지 않습니다. 결국 크레파스들은 서로 자기 색을 그리다가 싸우고 그림을 엉망으로 만듭니다. 그때 샤프 형이 나타나 까만 크레파스에게 색칠을 하라고 합니다. 그리고는 샤프 형이 까만 색 위를 지나가니까 엉망이 된 그림은 멋진 불꽃이 되었습니다.

치료적 발문 과정

인식 질문

- 이 책에서 가장 인상에 남는 부분은 어디인가요?
- 검정 크레파스에게 어떤 이야기를 해 주고 싶나요?

고찰 질문

- 그림 그리는 데 까만 크레파스는 왜 끼워 주지 않았을까요?
- 크레파스 친구들이 끼워 주지 않아서 까만 크레파스는 어떻게 했나요?
- 까맣게 변해 버린 그림을 샤프 형은 어떻게 도와주었을까요?

창의 질문

- 만약 내가 검정색 크레파스라면 흰 도화지 위에 어떤 그림을 그렸을까요?

- 까맣게 변해 버린 그림을 불꽃 그림이 아닌 다른 그림으로 변신시킨다면 어떻게 그려 줄 수 있을까요?
- 크레파스에 까만색이 없다면 어떤 일이 일어났을까요?

적용 질문

- 다른 친구들과 같이 놀아 주지 않았던 적이 있나요? 왜 그랬나요?
- 까만 크레파스처럼 친구들이 같이 놀아 주지 않는다면 기분이 어떨까요?
- 만약 친구가 놀이에 끼워 주지 않는다면 어떻게 할까요?

행복한 창의력
Happy Creativity

만약 내가 검정색 크레파스였다면
흰 도화지 위에 어떤 그림을 그렸을까요?

외톨이 사자는 친구가 없대요

글 · 그림 / 옮김	니카노 히로키추 / 이영준		
출판사	한림	출판 연도	2001

줄거리

외로운 사자는 친구가 없습니다. 친구를 사귀기 위해 고슴도치를 만나면 고슴도치처럼 털을 세우고 양을 만나면 양처럼 털을 말았지만 동물들은 이상하다며 도망갑니다. 어느 날 비가 와서 사자의 진짜 모습을 본 동물들은 비로소 사자와 친구가 된다는 내용입니다.

치료적 발문 과정

인식 질문

- 이 책에서 가장 인상 깊은 부분은 어디인가요?
- 사자에게 어떤 이야기를 해 주고 싶나요?

고찰 질문

- 사자는 왜 친구들을 찾아 다녔나요?
- 사자가 숲 속에서 만난 동물은 어떤 동물이었나요?
- 숲 속 친구들은 왜 사자를 보면 도망을 갔나요?
- 사자는 어떻게 해서 숲 속 동물들과 친구가 되었나요?

창의 질문

- '외톨이'는 무슨 뜻인가요?
- 사자는 왜 화가 났나요?

- 숲 속 동물들은 사자의 어떤 모습을 좋아했나요? 나는 사자의 어떤 모습이 좋나요?

적용 질문

- 외톨이 사자처럼 친구들이 놀아 주지 않았던 경험이 있나요? 기분이 어땠나요? 놀아 주지 않았던 친구들에게 어떻게 했나요?
- 혼자 있는 친구가 있으면 어떻게 해야 할까요?
- 친구들과 사이좋게 지낼 수 있는 방법은 어떤 것들이 있을까요?

행복한 창의력
Happy Creativity

혼자 있는 친구가 있으면 어떻게 해야 할까요?

친구와 사이좋게 지내요! 친구-화해하기

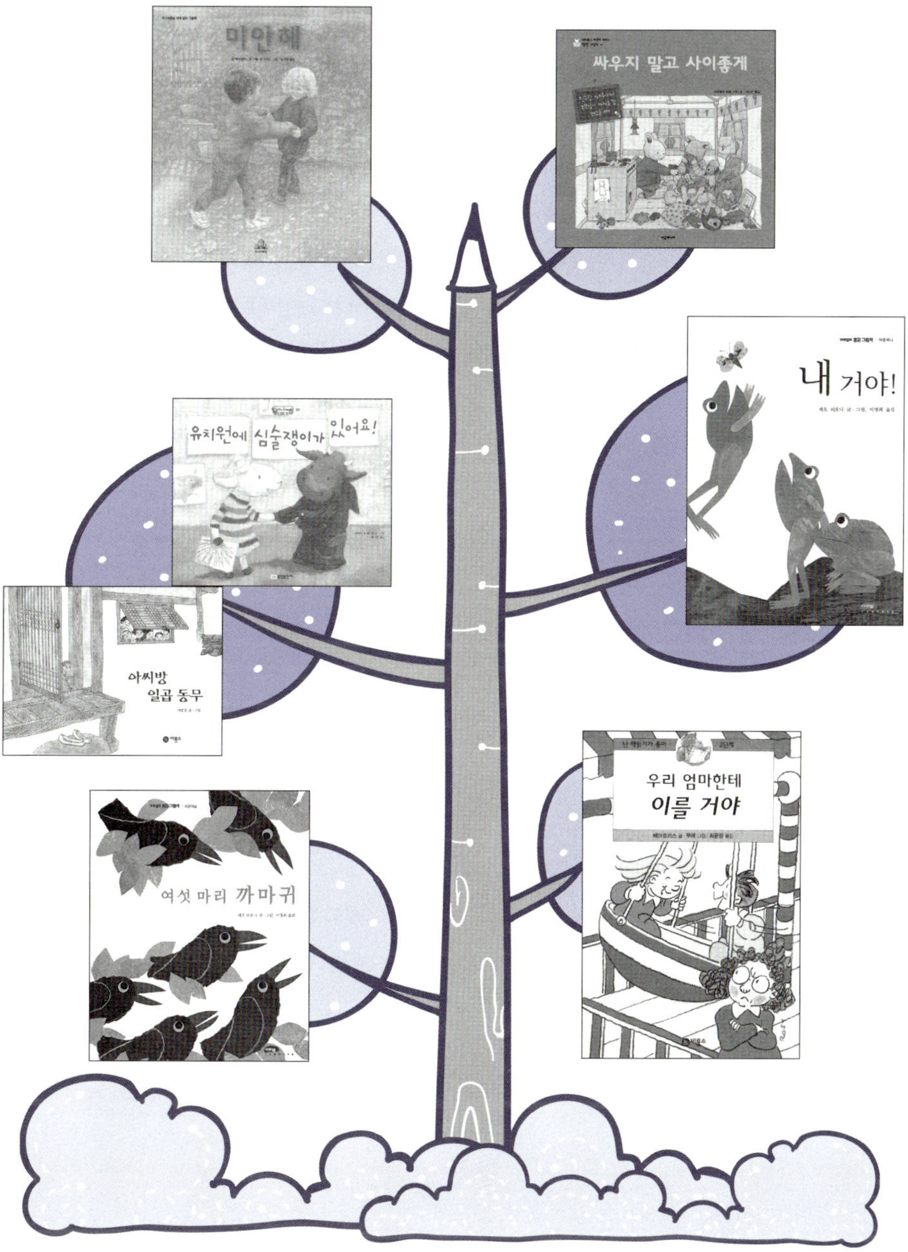

미안해

글 / 그림 / 옮김	샘 맥브래트니 / 제니퍼 이처스 / 김서정		
출판사	주니어 랜덤	출판 연도	2008

줄거리

여자 아이와 남자 아이는 친한 친구입니다. 그것도 날마다 서로 웃고 기분 좋게 지내는 친구입니다. 하지만 잘 놀다가 둘은 싸우게 됩니다. 서로에게 소리를 지르고 다시는 놀지 않겠다고 다짐을 하고, 마주쳐도 관심 없는 척 혼자서 놉니다. 그렇게 놀았지만 둘은 허전하고, 재미없고, 슬퍼지는 마음을 느낍니다. 친구에게 "너랑 이제 안 놀아!" 하고 소리 지르고 서로 못 본 체하지만 말과는 달리 마음이 아파 얼른 화해하고 싶어 합니다. 하지만 '미안해' 라는 말은 쉽게 나오지 않고 친구가 먼저 '미안해' 라는 말을 해 주길 바랍니다.

치료적 발문 과정

인식 질문

- 이 책을 읽고 어떤 생각이 드나요?
- 이 책에서 가장 인상에 남는 부분은 어디인가요?

고찰 질문

- 여자 아이와 남자 아이는 왜 싸웠나요?
- 여자 아이와 남자 아이는 무슨 놀이를 하고 지냈나요?
- 여자 아이와 남자 아이는 왜 서로 '미안해' 라는 말을 하지 못할까요?

창의 질문

- 친구와 함께 하면 혼자일 때와는 어떤 차이를 느낄까요?
- 만약 친구가 미안하다고 하는데 받아 주지 않았다면 어떻게 되었을까요?
- 친구가 먼저 사과할 때까지 친구를 모른 척한다면 어떨까요?

적용 질문

- 친한 친구와 싸운 적이 있나요? 왜 싸웠나요?
- 친한 친구와 싸웠을 때 기분이 어떤가요?
- 친구와 싸웠을 때 어떻게 해결하나요?

행복한 창의력
Happy Creativity

친구와 싸웠을 때 어떻게 하나요?

싸우지 말고 사이좋게

글 · 그림 / 옮김	마리알린 바뱅 / 곽노경		
출판사	시공주니어	출판 연도	2008

줄거리

톰은 사소한 장난감 쟁탈전으로 친한 친구 루와 싸우게 됩니다. 톰은 금세 화해하고 싶지만 루는 자기를 좋아하는 사람은 아무도 없다며 계속 울기만 합니다. 톰의 사과에도 상처를 입은 루는 엄마, 아빠의 다툼도 자기를 좋아하지 않아서라고 생각하게 됩니다. 톰의 아빠는 톰과 루처럼 어른들도 싸울 때가 있지만 그건 루 때문이 아니며 루의 엄마 아빠는 영원히 루를 사랑한다는 것을 알려줍니다.

치료적 발문 과정

인식 질문

- 이 책을 읽고 나니 어떤 생각이 드나요?
- 루에게 어떤 이야기를 해 주고 싶나요?

고찰 질문

- 톰과 루는 왜 싸웠나요?
- 루의 손수건 두 개가 묶여진 이유는 뭘까요?
- 톰의 아빠는 루에게 어떤 이야기를 해 주었나요?
- 톰이 루를 밀어서 넘어졌을 때 루의 기분은 어땠을까요?

창의 질문

- 만약 톰의 아빠가 루에게 싸움에 대한 이야기를 해 주지 않았다면 어떻게

되었을까요?

- 만약 루가 엄마와 아빠가 다투는 장면을 한 번도 보지 않았다면 톰의 사과를 잘 받아 주었을까요?

적용 질문

- 나는 그림책의 두 주인공 중 누구와 닮았다고 생각하나요?
- 루와 닮았다면 톰과 어떻게 지낼 수 있을까요?
- 톰과 닮았다면 루와 어떤 방법으로 화해했을까요?

행복한 창의력
Happy Creativity

내가 만약 루(톰)이었다면 어떻게 화해했을까요?

유치원에 심술쟁이가 있어요!

글 · 그림 / 옮김	클레어 알렉산더 / 류미진		
출판사	중앙출판사	출판 연도	2009

줄거리

루시는 그림을 잘 그려서 친구들에게 인기가 많습니다. 그런 루시를 토미는 질투하고 괴롭힙니다. 그래서 루시는 심술쟁이 토미 때문에 유치원에 가기 싫습니다. 토미는 그림을 잘 그려 인기가 많은 루시가 미워서 하굣길에 기다렸다가 루시가 애써 만든 검은 새를 망가뜨리고, 루시의 동화책을 찢고, 연필도 부러뜨립니다. 루시는 토미가 괴롭히는 것을 아무에게도 이야기하지 못합니다. 결국 엄마가 사실을 알아차리게 되고, 선생님의 도움으로 토미의 괴롭힘에서 벗어나게 된다는 내용입니다.

치료적 발문 과정

인식 질문

- 이 책을 읽고 나니 어떤 생각이 드나요?
- 토미에게 어떤 이야기를 해 주고 싶나요?

고찰 질문

- 루시가 잘하는 것은 무엇이 있나요?
- 토미는 왜 루시를 괴롭혔나요?
- 토미가 루시를 괴롭혔을 때 루시의 기분이 어땠을까요?
- 토미는 루시를 어떻게 괴롭혔나요?
- 루시는 왜 선생님과 부모님에게 토미가 괴롭힌 일을 말하지 않았을까요?

창의 질문

- 루시가 선생님께 빨리 말했다면 어떻게 되었을까요?
- 나와 친구의 다른 점을 어떻게 생각해야 할까요?

적용 질문

- 내가 만약 친구에게 괴롭힘을 받는다면 어떤 기분일까요?
- 괴롭힘을 당하는 상황이 오면 어떻게 해야 할까요?
- 친구의 장점이 부럽다면 나는 그 장점을 어떻게 받아들여야 할까요?

행복한 창의력
Happy Creativity

친구에게 괴롭힘을 당한다면 어떻게 할까요?

아씨방 일곱 동무

글 · 그림	이영경		
출판사	비룡소	출판 연도	1998

줄거리

옛날에 바느질을 즐기는 빨강 두건 아씨가 있었습니다. 빨강 두건 아씨는 항상 늘 손끝을 떠나지 않는 일곱 동무가 함께 있었는데, 어느 날 빨강 두건 아씨가 잠든 사이에 자, 가위, 바늘, 홍실, 골무, 인두, 다리미는 서로 자기가 제일이라고 뽐을 내고 자기가 없으면 옷을 만들 수 없다며 다툽니다. 이 소리에 잠이 깬 빨강 두건 아씨는 자기 손이 없으면 아무 소용 없다고 일곱 동무를 야단칩니다. 다시 잠이 든 빨강 두건 아씨는 일곱 동무가 사라져 바느질을 할 수 없는 악몽을 꾸고 일곱 동무의 소중함을 깨닫고 사과합니다.

치료적 발문 과정

인식 질문

- 이 책을 읽고 나니 어떤 생각이 드나요?
- 아씨에게 어떤 이야기를 해 주고 싶나요?

고찰 질문

- 아씨가 좋아하는 일은 무엇이었나요?
- 일곱 동무들은 왜 서로 다투었나요?
- 아씨는 어떤 악몽을 꾸었나요?

창의 질문

- 바느질 도구들 중 하나라도 없어진다면 어떤 일이 일어났을까요?

- 만약 아씨가 꿈을 꾸지 않았다면 어떻게 되었을까요?

적용 질문

- 친구가 나에게 쓸모없다고 말한다면 어떤 기분이 들까요?
- 친구들이 자신이 최고라고만 할 때 어떻게 하면 좋을까요?

행복한 창의력
Happy Creativity

바느질 도구들 중 하나라도 없어진다면 어떤 일이 일어날까요?

바늘 ➡ ______________________________
____

실 ➡ ______________________________
____

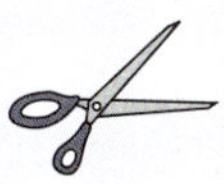
가위 ➡ ______________________________
____

다리미 ➡ ______________________________
____

내 거야!

글 · 그림 / 옮김	레오 리오니 / 이명희		
출판사	마루벌	출판 연도	2003

줄거리

은정이, 동훈이, 창호 세 마리 개구리들은 매일 다툽니다. 어느 날 두꺼비 한 마리가 나타나면서 자기밖에 모르고 욕심만 부리던 세 개구리들이 어려움을 겪게 됩니다. 세 개구리들은 어려운 일이 일어날 때마다 함께 돕고 나누면서 기쁨을 알아 간다는 내용입니다.

치료적 발문 과정

인식 질문

- 이 책에서 가장 인상에 남는 부분은 어디인가요?
- 책 제목을 보니 어떤 내용일 것 같나요?

고찰 질문

- 은정이, 동훈이, 창호 세 마리 개구리들은 왜 날마다 싸움을 했나요?
- 세 마리 개구리에게 어떠한 어려움이 생겼나요?
- 비가 오고 물이 넘쳐 흘렀을 때 개구리들은 어떻게 하였나요?

창의 질문

- 만약 세 마리 개구리들이 계속 욕심을 부렸다면 어떻게 되었을까요?
- 만약에 두꺼비가 도와주지 않았다면 어떻게 어려움을 극복할 수 있었을까요?

- 은정이, 동훈이, 창호가 사이좋게 지낼 수 있는 또 다른 방법은 무엇일까요?

적용 질문

- 친구들과 다툰 적이 있었나요? 기분이 어땠나요?
- 친구와 화해하기 위해 어떻게 했나요?

행복한 창의력
Happy Creativity

친구와 화해하기 위한 방법에는 어떤 것이 있을까요?

여섯 마리 까마귀

글 · 그림 / 옮김	레오 리오니 / 이명희		
출판사	마루벌	출판 연도	2004

줄거리

밀밭을 가꾸는 농부와 까마귀들이 싸움을 합니다. 까마귀는 밀을 먹기 위해 허수아비를 쫓으려고 하고, 농부는 까마귀로부터 밀밭을 지키기 위해서 그런 까마귀들을 밀밭에서 쫓아내려고 힘겨운 싸움을 합니다. 이때, 부엉이가 나타나 농부와 까마귀들에게 각각 대화로 풀라고 조언해 줍니다. 결국, 까마귀와 농부는 서로 싸우지 않고 대화로 화해하게 된다는 이야기입니다.

치료적 발문 과정

인식 질문

- 이 책을 읽고 나니 어떤 생각이 드나요?
- 이 책에서 가장 인상에 남는 부분은 어디인가요?

고찰 질문

- 농부는 왜 마음 편하게 살 수가 없었나요?
- 농부와 까마귀가 사이좋게 지내기를 바라는 마음으로 누가 도와주었나요?
- 농부와 까마귀는 어떻게 서로 사이좋은 사이가 되었나요?
- 농부가 밀밭을 구하기 위해 어떠한 노력을 했나요?
- 까마귀들은 허수아비를 쫓기 위해 어떠한 노력을 했나요?

창의 질문

- 부엉이가 둘 사이를 도와주지 않았다면 어떻게 되었을까요?
- 까마귀를 밀밭에서 쫓아낼 수 있는 방법은 어떤 것이 있을까요?
- 농부와 까마귀 중 누가 더 어리석다고 생각하나요? 그렇게 생각하는 이유는 무엇인가요?

적용 질문

- 부엉이와 까마귀처럼 친구와 싸운 적이 있나요? 기분이 어땠나요?
- 친구와 무엇 때문에 싸웠나요? 사이좋게 지낼 수 있는 방법은 무엇일까요?

행복한 창의력
Happy Creativity

까마귀를 밀밭에서 쫓아낼 수 있는 방법에는 어떤 것이 있을까요?

우리 엄마한테 이를 거야

글 / 그림 / 옮김	베아트리스 루에 / 로지 / 최윤정		
출판사	비룡소	출판 연도	1996

줄거리

학교에서 바자회가 열렸습니다. 제니퍼가 로리타를 놀렸고 두 친구는 싸우고 맙니다. 화가 난 제니퍼와 로리타는 속상한 마음에 엄마에게 달려가 이릅니다. 아이들의 말만 듣고 엄마들은 기분이 나빠집니다. 얼마 후 제니퍼와 로리타는 다시 친하게 지내게 되었고, 화가 난 엄마들도 화해시킨다는 내용입니다.

치료적 발문 과정

인식 질문

- 동화를 들으니 어떤 생각이 드나요?
- 제니퍼와 로리타에게 어떤 말을 해 주고 싶나요?

고찰 질문

- 제니퍼는 로리타를 왜 놀렸나요?
- 제니퍼와 로리타는 싸운 다음에 어떻게 행동을 했나요?
- 제니퍼와 로리타는 어떻게 서로 화해하게 되었나요?
- 제니퍼와 로리타는 엄마에게 가서 뭐라고 일렀나요?

창의 질문

- 아이들 싸움에 엄마들까지 왜 화가 났나요? 왜 이런 일이 생겼을까요?
- 만약 제니퍼와 로리타가 화해를 하지 않았다면 어떤 일이 벌어졌을까요?

- 제니퍼와 로리타 엄마는 어떻게 화해를 했나요?
- 제니퍼와 로리타 중 누가 잘못했다고 생각하나요? 그 이유는 무엇인가요?

적용 질문

- 제니퍼와 로리타처럼 싸우고 화해한 적이 있나요? 기분이 어땠나요?
- 친구와 절교하지 않으려면 어떻게 화해해야 할까요?

행복한 창의력
Happy Creativity

친구와 싸웠을 때 어떻게 화해를 할 수 있을까요?

등교 거부 유치원 가기 싫어요!

학교 안 갈 거야

글 · 그림 / 옮김	토니 로스 / 양희진		
출판사	베틀북	출판 연도	2000

줄거리

처음 학교 가는 날, 아이는 학교에 가는 게 두렵기만 합니다. 아이는 이런 걱정을 하나씩 엄마에게 말하자 엄마는 전혀 그렇지 않다며 아이를 설득합니다. 엄마 손에 이끌려 겨우겨우 학교에 간 아이는 하교하는 시간이 되자 신이 나서 나옵니다. 그리고 학교가 얼마나 근사한지, 그중에서도 최고로 근사한 새 친구 니키에 관한 이야기를 엄마에게 들려줍니다.

치료적 발문 과정

인식 질문

- 이 책을 읽고 나니 어떤 생각이 드나요?
- 이 책의 어떤 부분이 가장 기억에 남나요?

고찰 질문

- 학교에 가서 만난 친구의 이름은 무엇이었나요?
- 학교에 가기 싫은 이유는 무엇이었나요?
- 니키를 만나서 학교에 갈 때 어떤 기분이 들었을까요?
- 학교에 가면 꼬맹이라고 따돌림당할지도 모른다는 생각을 했을 때 어떤 기분이었을까요?

창의 질문

- 만약 엄마가 학교에 가기 싫다는 주인공을 학교에 보내지 않았다면 어떻게 되었을까요?
- 만약 니키라는 친구가 없었다면 어떤 일이 생겼을까요?

적용 질문

- 학교에 가기 싫은 적이 있었나요? 왜 학교에 가기 싫었나요?
- 학교에 가기 싫은데 엄마의 손에 이끌려 학교에 갈 때 기분은 어땠나요?
- 내가 주인공이라면 어떻게 했을까요?
- 친구가 놀리면 뭐라고 말해야 할까요?

행복한 창의력
Happy Creativity

친구가 놀리면 뭐라고 말해야 할까요?

난 학교 가기 싫어

글·그림 / 옮김	저자 로렌 차일드 / 조은수		
출판사	국민서관	출판 연도	2003

줄거리

학교에 갈 나이가 되었지만, 롤라는 집에서 할 일이 많기 때문에 학교에 가기 싫습니다. 이런 롤라에게 찰리는 학교에 가면 백까지 세는 법도 알 수 있고, 글자를 배우면 편지도 쓸 수 있고, 게다가 '냉장고에 딸기 우유가 있다'는 쪽지도 읽을 수 있다고 설득합니다. 하지만 롤라가 학교에 가기 싫은 진짜 이유는 교복을 입어야 하고, 학교에서 주는 밥을 먹어야 하고, 혹시라도 혼자 먹어야 되는 일이 생길까 봐 두려웠기 때문입니다. 찰리는 그런 롤라의 이야기를 다 들어주고, 용기를 줍니다.

치료적 발문 과정

인식 질문

- 이 책을 읽으면서 떠오르는 생각이 있나요?
- 롤라에게 어떤 이야기를 해 주고 싶나요?

고찰 질문

- 롤라가 학교에 가기 싫다고 했던 이유는 무엇이었나요?
- 롤라가 교복을 입기 싫다고 했을 때 찰리가 무엇이라고 말해 주었나요?
- 찰리가 롤라를 학교에서 찾았을 때 즐겁게 친구와 뛰어가는 모습을 보고 어떤 기분이었을까요?
- 학교에 가서 친구를 사귄 롤라는 어떤 기분이었을까요?

창의 질문

- 롤라가 새로운 친구를 사귀지 못했다면 어떻게 되었을까요?
- 학교에서 롤라를 도와줄 수 있는 방법은 없을까요?

적용 질문

- 롤라처럼 학교에 가기 싫은 적이 있었나요? 그럴 때는 어떤 기분이었나요?
- 내가 롤라라면 학교 가기가 두려울 때 어떻게 했을까요?
- 롤라 같은 친구가 짝꿍이라면 어떻게 했을까요?

행복한 창의력
Happy Creativity

내가 롤라라면 학교 가기 두려울 때 어떻게 했을까요?

유치원에 가기 싫어요!

글 / 그림 / 옮김	안나 카살리스 / 마르코 캄파넬라 / 이현경		
출판사	키득키득	출판 연도	2008

줄거리

오늘은 또또가 처음으로 유치원에 가는 날입니다. 아침에 엄마는 또또에게 파란 리본이 달린 초록색 유치원복을 입혀 주었지만 또또는 유치원에 가기 싫다고 소리를 지릅니다. 또또가 유치원에 안 가겠다고 버티자 엄마는 결국 집에 있으라고 합니다. 하루 종일 엄마와 집에 있으면서 여러 가지 일을 겪게 되고, 또또는 다음 날 바로 유치원에 간다는 이야기입니다.

치료적 발문 과정

인식 질문

- 이 책을 읽고 나니 어떤 생각이 드나요?
- 또또에게 어떤 이야기를 해 주고 싶나요?

고찰 질문

- 또또가 유치원에 가기 싫은 이유는 무엇일까요?
- 또또는 유치원에 가기 싫어서 어떻게 했나요?
- 또또는 집에서 엄마와 무엇을 했나요?
- 또또는 엄마와 집에 있는 것이 어땠나요?

창의 질문

- 내가 또또라면 유치원에 갔을까요?

- 만약 엄마가 유치원을 억지로 보냈다면 또또는 어떻게 되었을까요?

적용 질문

- 유치원은 즐거운 곳인가요? 가기 힘든 곳인가요?
- 즐거운 곳이라면 어떤 것 때문에 즐겁나요?
- 힘든 곳이라면 어떤 것 때문에 힘드나요?
- 네가 또또라면 어떻게 했을까요?

행복한 창의력
Happy Creativity

유치원에서 즐거운 점과 힘든 점은 무엇일까요?

■ 즐거운 점	■ 힘든 점

보리의 시끌벅적 유치원

글 / 그림	김세실 / 양송이		
출판사	뜨인돌 어린이	출판 연도	2009

줄거리

유치원에는 여러 친구가 있습니다. 주인공 보리와는 뭐든지 잘하지만 친구들 앞에서 발표를 할 때마다 얼굴이 빨개지고 목소리가 작아지는 보리의 단짝 친구 나리, 그리고 장난꾸러기 달이가 있습니다. 보리는 유치원에 오면 큰 소리로 인사하고, 수업 시간에는 자신 있게 손을 들고 또박또박 말합니다. 여럿이 함께 놀고 공부하는 곳이니까 마음대로 행동하지 말고, 일과에 따라 규칙을 지키기도 합니다. 화장실 갈 때도 차례차례 줄을 서고, 친구들과 놀 때는 양보하며 사이좋게 놉니다. 그래서 보리는 유치원 생활이 더욱 신 나고 즐겁습니다.

치료적 발문 과정

인식 질문

- 이 책을 읽고 나니 어떤 생각이 드나요?
- 나리에게 어떤 이야기를 해 주고 싶나요?

고찰 질문

- 보리는 유치원에 가면 가장 먼저 하는 일이 무엇이었나요?
- 발표할 때 자신감이 없던 나리에게 발표할 때에는 어떻게 해야 한다고 했나요?
- 보리는 놀이를 한 후 장난감을 어떻게 했나요?
- 보리에게는 유치원이 왜 즐거운 곳인가요?

창의 질문

- 수업 시간에는 어떻게 해야 할까요?
- 유치원 친구들과 함께 놀이하면 어떤 점이 좋을까요?
- 만약 보리가 발표할 때 자신감이 없는 나리를 도와주지 않았다면 어떻게 되었을까요?

적용 질문

- 유치원은 즐거운 곳인가요? 가기 힘든 곳인가요?
- 즐거운 곳이라면 어떤 것 때문에 즐겁나요? 힘든 곳이라면 어떤 것 때문에 힘드나요?
- 만약에 유치원에서 놀 때 친구가 없다면 어떤 느낌일까요?
- 친구를 사귀려면 친구에게 어떻게 이야기해야 할까요?

행복한 창의력
Happy Creativity

만약에 유치원에서 놀 때 친구가 없다면 어떤 느낌이 들까요?

짝꿍 바꿔 주세요!

글 · 그림 / 옮김	다케다 미호 / 고향옥		
출판사	웅진주니어	출판 연도	2007

줄거리

은지는 학교에 가기가 싫습니다. 왜냐하면 은지 짝꿍 민준이가 은지를 괴롭히기 때문입니다. 책상에 금을 그어 놓고 넘어오면 의자를 발로 차고 손가락으로 계산한다고 놀리고, 음식을 남긴다고 또 줄넘기를 못한다고 놀립니다. 어느 날 민준이는 은지가 좋아하는 연필을 부러트렸습니다. 은지는 민준이에게 지우개를 던졌지만 괴롭힘을 당할까 봐 도망갔습니다. 다음 날 민준이는 은지에게 미안하다고 사과합니다.

치료적 발문 과정

인식 질문

- 이 책을 읽고서 어떤 생각이 들었나요?
- 민준이에게 어떤 이야기를 해 주고 싶나요?

고찰 질문

- 은지가 왜 학교를 가기 싫어했을까요?
- 민준이는 은지를 어떻게 괴롭혔나요?
- 괴롭힘을 당하는 은지의 기분은 어땠을까요?

창의 질문

- 친구들과 유치원에서 재미있게 놀려면 어떻게 해야 할까요?
- 다른 사람에게 도움을 주는 방법은 어떤 것들이 있나요?

- 만약 은지가 괴롭힘을 당했을 때 선생님에게 말했다면 어떻게 되었을까요?
- 은지를 도울 수 있는 다른 방법은 없을까요?

적용 질문

- 다른 친구에게 괴롭힘을 당한 적이 있나요? 그때 기분은 어땠나요? 괴롭힘을 당했을 때 어떻게 대처했었나요?
- 학교에서 괴롭힘을 당하는 친구를 본 적이 있나요? 그때 어떻게 했나요?
- 내가 만약 은지였다면 어떻게 했을까요?

행복한 창의력
Happy Creativity

내가 은지였다면 어떻게 했을까요?

서로 도와요!

협동 및 나눔

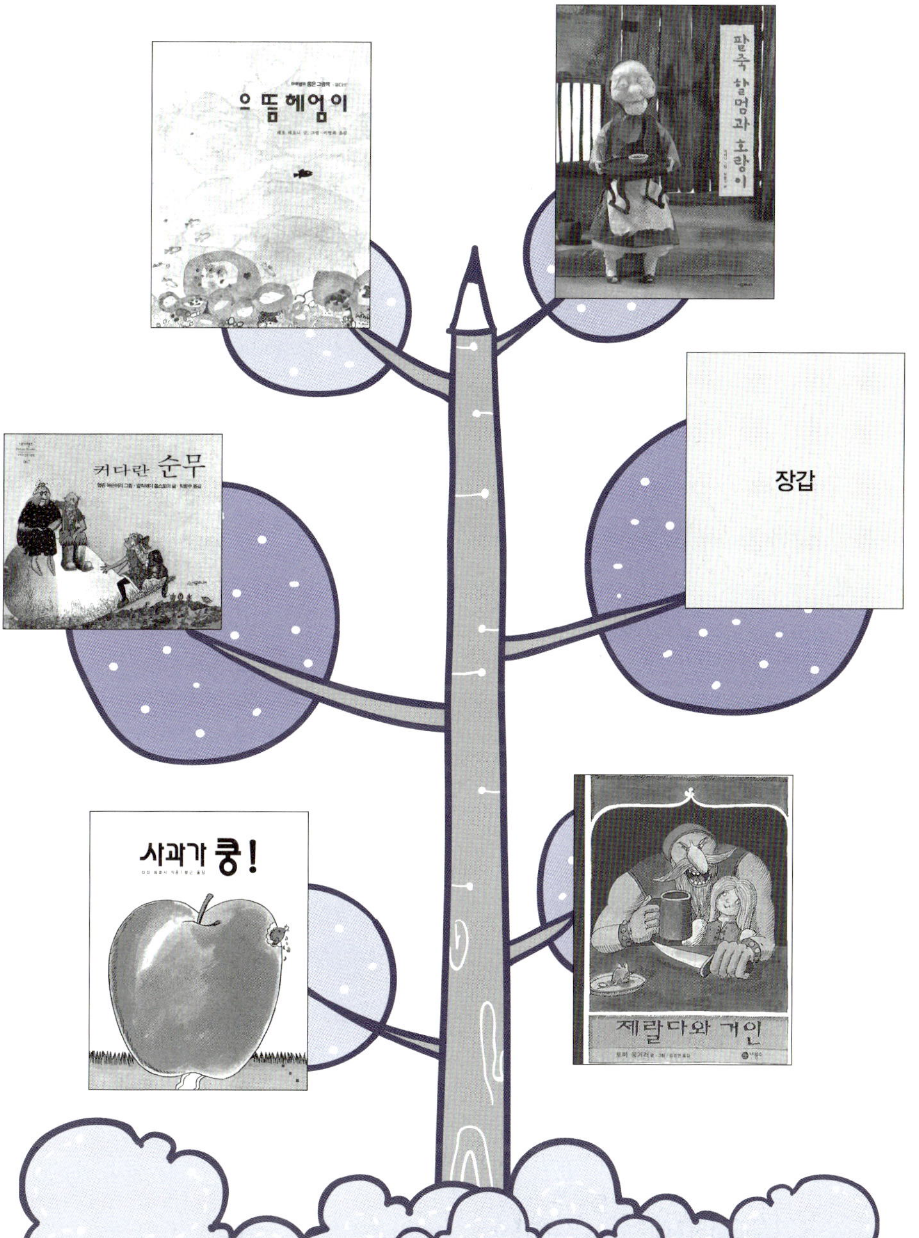

으뜸 헤엄이

글 · 그림 / 옮김	레오 리오니 / 이명희		
출판사	마루벌	출판 연도	2008

줄거리

으뜸 헤엄이는 큰 물고기를 피해서 혼자 바다 이곳저곳을 돌아다닙니다. 그러다가 작은 물고기 친구들을 만났지만 또다시 큰 물고기의 위협을 받게 됩니다. 하지만 이번엔 도망치지 않고 작은 물고기 친구들과 힘을 합쳐 큰 물고기 모양을 만듭니다. 그리고는 큰 물고기를 물리치고 바깥세상을 향해 나간다는 내용입니다.

치료적 발문 과정

인식 질문

- 이 책을 읽고 어떤 부분이 가장 기억에 남나요?
- 이 책을 덮고 나니 어떤 부분이 가장 먼저 떠오르나요?

고찰 질문

- 이 까만 물고기 이름이 왜 으뜸 헤엄이었을까요?
- 으뜸 헤엄이 물고기는 다른 물고기들과 어떤 점이 다를까요?
- 나만 친구들과 다른 점이 있다면 어떤 기분일까요?

창의 질문

- 만약 내가 으뜸 헤엄이라면 다른 물고기들이 겁에 질려 떨고 있을 때 어떻게 했을 것 같나요?
- 으뜸 헤엄이의 말대로 다른 물고기들이 힘을 합쳐 하지 않았다면 어떤 일

이 일어났을까요?

- 큰 물고기에게 잡혀 먹지 않기 위한 다른 방법에는 무엇이 있을까요?

적용 질문

- 친구들과 서로 힘을 합쳐 할 수 있는 것에는 어떤 것들이 있을까요?
- 만약 어려움에 처한 친구가 있다면 어떤 방법으로 도와줄 수 있을까요?
- 으뜸 헤엄이처럼 어려움을 이겨 내는 방법에는 어떤 것이 있을까요?

행복한 창의력
Happy Creativity

으뜸 헤엄이처럼 어려움을 이겨 내는 방법에는 어떤 것이 있을까요?

팥죽 할멈과 호랑이

글 / 그림	박윤규 / 백희나		
출판사	시공주니어	출판 연도	2006

줄거리

맛난 팥죽을 잘 끓이는 팥죽 할멈에게 어느 날, 호랑이가 나타나 잡아먹겠다고 합니다. 할멈은 호랑이에게 동지 팥죽을 쒀 주겠다고 말합니다. 마침내 호랑이와 약속한 날이 되자 할멈은 팥죽을 쑤어 놓고 웁니다. 알밤, 자라, 물찌똥, 송곳, 멍석, 지게가 할머니의 딱한 사연을 듣고는 할머니가 끓여 준 팥죽을 맛있게 얻어먹고, 모두 힘을 합쳐 호랑이를 통쾌하게 물리치고 행복하게 산다는 내용입니다.

치료적 발문 과정

인식 질문

- 이 책을 읽고 나니 어떤 생각이 드나요?
- 어떤 장면이 가장 기억에 남나요?

고찰 질문

- 동화에 나오는 등장인물은 누구인가요?
- 팥죽 할머니를 도와준 동물은 누구인가요?
- 할머니는 호랑이에게 어떤 음식을 주었나요?
- 여섯 마리 동물 친구들은 왜 할머니를 도와주었을까요?

창의 질문

- 동물 친구들이 호랑이를 물리치지 않았다면 할머니는 어떻게 되었을까요?

- 만약 여섯 친구들이 힘을 합치지 않았다면 할머니는 어떻게 되었을까요?

적용 질문

- 어려움에 처한 경험이 있나요? 어떠한 어려움이 있었나요? 어떻게 극복하였나요?
- 할머니같이 어려움에 처한 사람을 도와준 적이 있나요? 어떻게 도와주었나요?

행복한 창의력
Happy Creativity

어려움에 처한 사람을 도와준 적이 있다면 어떻게 도와주었나요?

커다란 순무

글 / 그림 / 옮김	알렉세이 톨스토이 / 헬린 옥슨버리 / 박향주		
출판사	시공주니어	출판 연도	1997

줄거리

시골의 한 할아버지가 무씨 한 알을 땅에 심으면서 단단하고 달콤하게 자라라고 정성스럽게 돌보았습니다. 결국 이 순무는 온 집안 식구가 다 힘을 모아 빼야 할 정도로 커다랗게 자랐습니다. 다 자란 순무를 뽑기로 한 할아버지는 순무가 너무 커 가족들을 하나씩 불러 냅니다. 할머니, 손녀, 검둥이, 고양이, 생쥐에 이르기까지 꼬리에 꼬리를 물고 힘을 합쳐 순무를 뽑고 뽑은 순무로 음식을 만들어 나누어 먹는다는 내용입니다.

치료적 발문 과정

인식 질문

- 이 책을 읽고 나니 어떤 생각이 드나요?
- 이 책을 읽고 가장 기억나는 부분은 어디인가요?

고찰 질문

- 할아버지가 밭에 심은 것은 무엇이었나요?
- 순무가 어떻게 자랐나요?
- 누가 순무를 뽑았나요?

창의 질문

- 만약 할아버지 혼자서 순무를 뽑아야 했다면 어떻게 되었을까요?
- 만약 가족 모두가 도와도 순무가 뽑히지 않는다면 어떻게 해야 할까요?

적용 질문

- 내가 만약 할아버지의 친구 중 한 명이라면 어떻게 했을까요?
- 혼자서 하기 힘든 일을 누군가 도와준 적이 있나요? 그때 기분이 어땠나요?

행복한 창의력
Happy Creativity

만약 가족 모두가 도와도 순무가 뽑히지 않는다면 어떻게 해야 할까요?

장갑

글 · 그림 / 옮김	에우게니 M. 라쵸프 / 이영준		
출판사	한림	출판 연도	1994

줄거리

한 할아버지가 강아지와 함께 눈 내리는 숲 속을 걷다가 그만 장갑 한 짝을 떨어뜨립니다. 그러자 숲에 사는 동물들이 장갑 속으로 들어갑니다. 먹보 생쥐, 팔짝팔짝 개구리, 빠른 발 토끼, 멋쟁이 여우, 잿빛 늑대, 송곳니 멧돼지, 느림보 곰이 차례로 장갑 속으로 들어갑니다. 그런데 숲 속을 걷던 할아버지는 장갑 한 짝을 잃어버린 것을 알아차립니다. 할아버지가 되돌아서고 강아지는 멍멍 짖으며 달려옵니다. 놀란 동물들은 장갑을 빠져 나와 숲 이쪽저쪽으로 도망치고 할아버지는 장갑을 다시 줍습니다.

치료적 발문 과정

인식 질문

- 책을 읽고 어떤 느낌을 받았나요?
- 어떤 장면이 가장 기억에 남나요?

고찰 질문

- 장갑 속에 어떤 동물들이 들어갔었나요?
- 장갑 속에 몇 마리의 동물이 들어갔나요?
- 동물들은 장갑 속에 왜 들어갔나요?
- 동물들은 장갑 속에서 왜 빠져나왔나요?

창의 질문

- 만약 새로운 동물이 들어올 때마다 먼저 들어갔던 동물들이 불평을 했다면 어떻게 되었을까요?
- 만약 장갑 속에 들어가지 못하는 동물이 있었다면 그 동물들은 어땠을까요?
- 작은 장갑 속에 새로운 한 마리 동물이 더 들어간다고 했을 때 동물들은 어떻게 했을까요?

적용 질문

- 장갑 속에 먼저 들어갔던 동물들은 어떤 마음으로 다른 동물들을 받아들였을까요?
- 장갑 속에 들어가고 싶다면 어떻게 해야 할까요?

행복한 창의력
Happy Creativity

장갑 속에 들어가고 싶다면 어떻게 해야 할까요?

사과가 쿵!

글 · 그림 / 옮김	다다히로시 / 정근		
출판사	보림	출판 연도	2009

줄거리

어느 날 커다란 사과가 쿵 하고 떨어집니다. 떨어진 사과를 가장 먼저 두더지가 갉아먹고, 토끼, 다람쥐, 돼지도 찾아와 사과를 함께 먹습니다. 악어, 사자, 기린, 그리고 코끼리도 와서 사과를 소리 내어 함께 갉아먹습니다. 그런데 갑자기 비가 내려서 동물들은 갉아먹은 사과에 모두 들어가서 비를 피합니다.

치료적 발문 과정

인식 질문

- 책을 읽고 나니 어떤 느낌이 드나요?
- 어떤 장면이 가장 기억에 남나요?

고찰 질문

- 어떤 동물들이 나왔나요?
- 동물들은 무엇을 먹었나요?
- 사과를 누가 먼저 먹었나요?
- 동물들은 비가 와서 어디로 갔나요?

창의 질문

- 사과는 어디에서 떨어졌을까요?
- 만약 첫 번째 동물이 사과를 모두 먹었다면 어떤 일이 일어났을까요?

- 내가 사과를 먹으면 어떤 소리가 날까요?

적용 질문

- 친구와 먹는 것을 두고 싸운 적이 있나요? 왜 그랬나요?
- 친구들에게 먹을 것을 나누어 준 적이 있나요? 그때 기분이 어땠나요?
- 친구와 사이좋게 먹을 수 있는 방법은 어떤 것이 있을까요?

행복한 창의력
Happy Creativity

내가 사과를 먹으면 어떤 소리가 날까요?

제랄다와 거인

글 · 그림 / 옮김	토미 웅거러 / 김경연		
출판사	비룡소	출판 연도	1996

줄거리

어린아이를 잡아먹는 거인에게 제랄다가 잡혀 갑니다. 하지만 음식을 잘 만드는 제랄다는 배고픈 거인에게 맛있는 음식을 만들어 줍니다. 거인은 제랄다가 만든 음식 맛에 반해서 자기의 요리사가 되어 달라고 말합니다. 맛있는 음식을 먹게 된 거인은 제랄다를 잡아먹지 않고 제랄다와 행복하게 산다는 내용입니다.

치료적 발문 과정

인식 질문

- 이 책을 읽고 나니 어떤 생각이 드나요?
- 이 책에서 가장 인상에 남는 부분은 어디인가요?

고찰 질문

- 아이들이 가장 좋아하는 음식이 무엇이었나요?
- 거인은 왜 제랄다를 잡아먹지 않았을까요?
- 제랄다는 거인에게 어떻게 했나요?

창의 질문

- 거인이 아이들을 잡아먹으려 하고 있어요. 어떻게 해야 할까요?
- 내가 만약 거인에게 잡혔다면, 잡아먹히지 않기 위해 어떻게 했을까요?
- 내가 제랄다라면 거인에게 어떤 음식을 해 주었을까요?

적용 질문

- 음식을 이웃이나 친구들과 나누어 먹은 적이 있나요? 기분이 어땠나요?
- 이웃끼리 사랑을 나누고 서로 화합할 수 있는 좋은 도구가 음식 말고 또 무엇이 있을까요?

행복한 창의력
Happy Creativity

내가 제랄다라면 거인에게 어떤 음식을 만들어 주었을까요?

3장 정서 및 감정

:: 분노/화 ::

- 쏘피가 화나면–정말, 정말 화나면…
- 나, 화났어!
- 난, 토라져!
- 얘가 먼저 그랬어요!
- 울지 말고 말하렴
- 화가 나는 건 당연해!

:: 거짓말 ::

- 거짓말 벌레
- 거짓말은 무거워!
- 거짓말은 싫어요!
- 루시의 작지 않은 거짓말
- 거짓말
- 텔레비전을 보고 싶어!
- 샘과 고양이 뱅 그리고 헛소리

정서 및 감정

:: 사랑/이타심 ::

- 마들린느와 쥬네비브
- 케이티와 폭설
- 괜찮아
- 까막눈 삼디기
- 오른발, 왼발
- 가방 들어 주는 아이

:: 자신감/자아 존중감 ::

- 강아지똥
- 너는 특별하단다
- 괜찮아
- 수줍어도 괜찮아
- 틀려도 괜찮아
- 숨 쉬는 항아리
- 나쁜 어린이표
- 너 먼저 울지 마

분노/화 난 화가 나요!

쏘피가 화나면–정말, 정말 화나면…

글 · 그림 / 옮김	몰리 뱅 / 이은화		
출판사	케이 유니버스	출판 연도	2000

줄거리

쏘피가 재미있게 놀고 있었는데 쏘피의 언니가 와서 고릴라를 빼앗아 갑니다. 화가 난 쏘피는 크게 소리를 지릅니다. 그래도 화가 풀리지 않는 쏘피는 달리고 달려서 바위를 바라보고, 나무와 새, 고사리를 바라보고 커다란 밤나무에 올라가 산들바람을 느끼고 출렁이는 바다와 파도를 바라봅니다. 넓은 세상이 쏘피를 위로해 주고 기분이 좋아진 쏘피는 집으로 돌아갑니다.

치료적 발문 과정

인식 질문

- 동화를 읽고 나니 어떤 느낌이 드나요?
- 쏘피에게 어떤 말을 해 주고 싶나요?

고찰 질문

- 쏘피는 화가 났을 때 어디로 갔나요?
- 언니가 고릴라를 빼앗아 갔을 때 쏘피의 기분은 어땠을까요?
- 쏘피는 화가 나면 어떻게 했나요?
- 친구에게 장난감을 빼앗겼다면 마음이 어떨까요?

창의 질문

- 만약 내가 가장 아끼는 물건을 누가 빼앗아 간다면 어떻게 할 건가요?

- 내가 쏘피의 언니였다면 어떤 말을 할 건가요?
- 화가 난다고 바로 화를 내면 어떤 일이 벌어질까요?

적용 질문

- 쏘피가 화내는 모습을 보니 기분이 어떤가요?
- 쏘피처럼 화가 난 적이 있나요? 화가 났을 때 어떻게 하나요?
- 만약 내가 쏘피라면 화가 날 때 혼자서 어떻게 기분을 달랠 것 같나요?

행복한 창의력
Happy Creativity

쏘피처럼 화가 났을 때 어떻게 하나요?

나, 화났어!

글 / 그림 / 옮김	제인 클라크 / 찰스 퓨지 / 든손		
출판사	미세기	출판 연도	2007

줄거리

아기 꼬끼리 트럼펫은 일이 마음대로 되지 않을 때면 발을 쿵쿵 구르고, 몸을 이리저리 흔들고, 긴 코를 휙휙 휘두르고, 몸을 이리저리 흔들고, 긴 코를 휙휙 휘두르고, 뿌우뿌우 소리를 지릅니다. 심지어는 진흙탕에서 데굴데굴 뒹굴기도 합니다. 그런 트럼펫을 보고 엄마는 마음을 다스릴 수 있는 방법을 가르쳐 준다는 내용입니다.

치료적 발문 과정

인식 질문

- 동화를 읽고 나니 어떤 느낌이 드나요?
- 트럼펫에게 어떤 말을 해 주고 싶나요?

고찰 질문

- 트럼펫은 어떤 친구인가요?
- 아기 코끼리 트럼펫은 왜 화가 났을까요?
- 엄마는 아기 코끼리의 화를 진정시키기 위해 어떻게 했나요?
- 트럼펫은 화가 나니 어떻게 했나요?

창의 질문

- 화를 풀 때 어떤 방법으로 풀면 좋을까요?
- 만약 화가 난 친구들을 보면 어떻게 해야 할까요?

- 만약 트럼펫이 화가 날 때 속으로만 꾹 참고 있었다면 어떻게 되었을까요?

적용 질문

- 만약 내가 아기 코끼리 트럼펫이라면 어떻게 화를 다스릴 수 있을까요?
- 화가 났을 때 어떻게 하면 기분이 좋아지나요?
- 만약 일이 마음대로 대지 않을 때 어떻게 해야 될까요?

행복한 창의력
Happy Creativity

화가 났을 때 어떻게 하면 기분이 좋아지나요?

난, 토라져!

글 / 그림 / 옮김	티투스 애커먼 / 스테판 지렐 / 이선미		
출판사	마음이 큰 나	출판 연도	2006

줄거리

주인공은 자기 마음대로 할 수 없을 때, 자기를 화나게 한 사람을 괴롭히고 싶을 때 화를 낸다고 말합니다. 또한 토라지는 것은 어렵지 않지만 언제 어디서 토라진 걸 그쳐야 할지 잘 모를 때가 있다고 이야기합니다. 엄마가 수영장에 데려가지 않을 때, 아빠가 텔레비전을 보지 말라고 할 때, 할머니가 장난감을 사 주지 않았을 때, 엄마랑 아빠가 자꾸 자라고 할 때 토라져 있다가 지루하고 심심해서 토라지기 전으로 돌아가고 싶을 때 어떻게 토라지기를 그만해야 할지 알아 간다는 내용입니다.

치료적 발문 과정

인식 질문

- 동화를 읽고 가장 기억에 남는 부분은 어디인가요?
- 아이에게 어떤 말을 해 주고 싶나요?

고찰 질문

- 아이는 언제 토라졌나요?
- 토라지는 아이에게 엄마는 어떻게 해 주었나요?

창의 질문

- 만약 내가 토라졌을 때 어떻게 풀면 좋을까요?
- 토라지지 않고 내 생각을 말하는 방법은 어떤 것이 있을까요?

- 토라졌을 때 얼굴 표정은 어떨까요?

적용 질문

- 아이처럼 토라져 본 적이 있나요? 그때 기분은 어땠나요?
- 왜 토라졌나요?
- 네가 아이였다면 어떻게 했을까요?

행복한 창의력
Happy Creativity

토라졌을 때 얼굴 표정은 어떤지 그려 보세요!

얘가 먼저 그랬어요!

글 / 그림 / 옮김	가브리엘라 케셀만 / 펩 몬세르랏 / 유 아가다		
출판사	고래이야기	출판 연도	2008

줄거리

타틴은 어젯밤 잠을 푹 자지 못해서 아침부터 기분이 나빴습니다. 그런데 마주치는 친구들이 자꾸 타틴을 화나게 했습니다. 처음 만난 토끼 친구는 주머니가 없는데 손을 주머니에 넣지 않으면 모기가 물 거라고 합니다. 그 다음 만난 오리 친구는 타틴이 지나가는데 수건을 집어 달라고 합니다. 또 두더지 친구는 그냥 가만히 있었는데 화난 거 같다며 시비를 겁니다. 타틴은 그때 고양이 친구를 만나자 짜증난 마음에 화를 내려고 했습니다. 타틴은 또 화를 낼 참이었습니다. 그런데 친구가 초콜릿을 내밀었습니다. 이때까지 화나고 우울했던 타틴은 화를 내는 대신 초콜릿을 집어 먹었습니다. 그런데 점점 기분이 좋아졌고 타틴은 행복했습니다.

치료적 발문 과정

인식 질문

- 동화를 읽고 나니 어떤 느낌이 드나요?
- 타틴에게 어떤 말을 해 주고 싶나요?

고찰 질문

- 타틴은 아침부터 왜 기분이 나빴나요?
- 첫 번째 만난 친구는 누구였나요?
- 오리 친구와 싸운 이유는 뭘까요?
- 고양이 친구를 만나고 기분이 좋아진 이유는 무얼까요?

창의 질문

- 타틴을 만나는 사람들도 타틴처럼 화를 낸다면 타틴은 어떨까요?
- 타틴이 화를 냈을 때 부모나 친구들이 웃어 준다면 어떻게 되었을까요?

적용 질문

- 내가 타틴이라면 화를 어떻게 참았을까요?
- 타틴의 문제를 극복하려면 어떻게 하면 될까요?

행복한 창의력
Happy Creativity

내가 타틴이라면 어떻게 화를 참았을까요?

울지 말고 말하렴

글 / 그림	이찬규 / 김정애		
출판사	두산동아	출판 연도	2005

줄거리

아기 곰은 친구들이 놀아 주지 않을 때, 장난감이 망가졌을 때, 살짝 넘어졌을 때나 사고 싶은 것이 있을 때 일단 울기부터 해서 '징징이' 라고 불린답니다. 어느 날 그네가 타고 싶은데 이미 악어 친구가 그네를 타고 있자 아기 곰은 울기 시작합니다. 그래서 이번엔 집에 들어와서 장난감을 가지고 놀았지만 장난감이 망가져 버립니다. 아기 곰은 참지 못하고 울기 시작한다는 내용입니다.

치료적 발문 과정

인식 질문

- 동화를 읽고 나니 어떤 느낌이 드나요?
- 아기 곰에게 어떤 말을 해 주고 싶나요?

고찰 질문

- 아기 곰의 별명이 뭐였나요? 왜 이 별명을 지었을까요?
- 아기 곰은 왜 울었을까요?
- 아기 곰 친구는 그네가 타고 싶을 때 어떻게 했나요?

창의 질문

- 아기 곰처럼 운다면 모든 일이 해결될까요? 어떻게 하는 것이 좋은 방법일까요?

- 아기 곰처럼 원하는 것이 있을 때 울면 어른들이 이해할까요? 어떻게 해야 할까요?

적용 질문

- 원하는 것이 있거나 하고 싶은 것이 있을 때, 운 적이 있나요? 왜 울었나요?
- 원하는 것이 있을 때 우는 친구를 보면 어떤 생각이 드나요?
- 만약 내가 아기 곰이었다면 어떻게 했을까요? 왜 그렇게 생각하나요?

행복한 창의력
Happy Creativity

만약 내가 아기 곰이었다면 어떻게 했을까요?

화가 나는 건 당연해!

글 / 그림 / 옮김	미셸린느 먼디 / R. W. 앨리 / 노은정		
출판사	비룡소	출판 연도	2003

줄거리

화를 푸는 좋은 방법이 없을까? 화가 나거나 스트레스를 받는 다양한 감정을 아이 스스로 생각하고 해결하도록 합니다. 또한 화에 대해 원만히 대처하고 극복하는 방법을 소개하면서 자신의 감정을 다스림으로써 다른 사람의 감정까지 배려할 수 있도록 유도하고 있습니다.

치료적 발문 과정

인식 질문

- 동화를 읽고 나니 어떤 느낌이 드나요?
- 가장 기억에 남는 장면은 어디인가요?

고찰 질문

- 화가 났을 때는 무엇이 가장 중요한가요?
- 화가 날 땐 어떻게 풀어야 후회하지 않을까요?
- 화가 났을 때 하지 말아야 할 행동은 무엇일까요?

창의 질문

- 화가 날 때 화를 풀 수 있는 또 다른 방법은 무엇일까요?
- 화가 나서 좋을 때도 있어요. 어떨 때 좋은가요?
- 친구가 화가 났어요. 어떻게 하면 웃게 할 수 있을까요?

적용 질문

- 무엇이 나를 가장 화나게 하나요?
- 다른 사람이 나에게 화를 낼 때는 어떻게 행동해야 하나요?
- 내가 화가 나서 다른 사람을 슬프게 한 적이 있나요? 어떤 기분이었나요?
- 다른 사람에게 화가 난다면 어떻게 해야 할까요?

행복한 창의력
Happy Creativity

나를 화나게 하는 것에는 어떤 것들이 있나요?

거짓말은 안 돼요!

거짓말

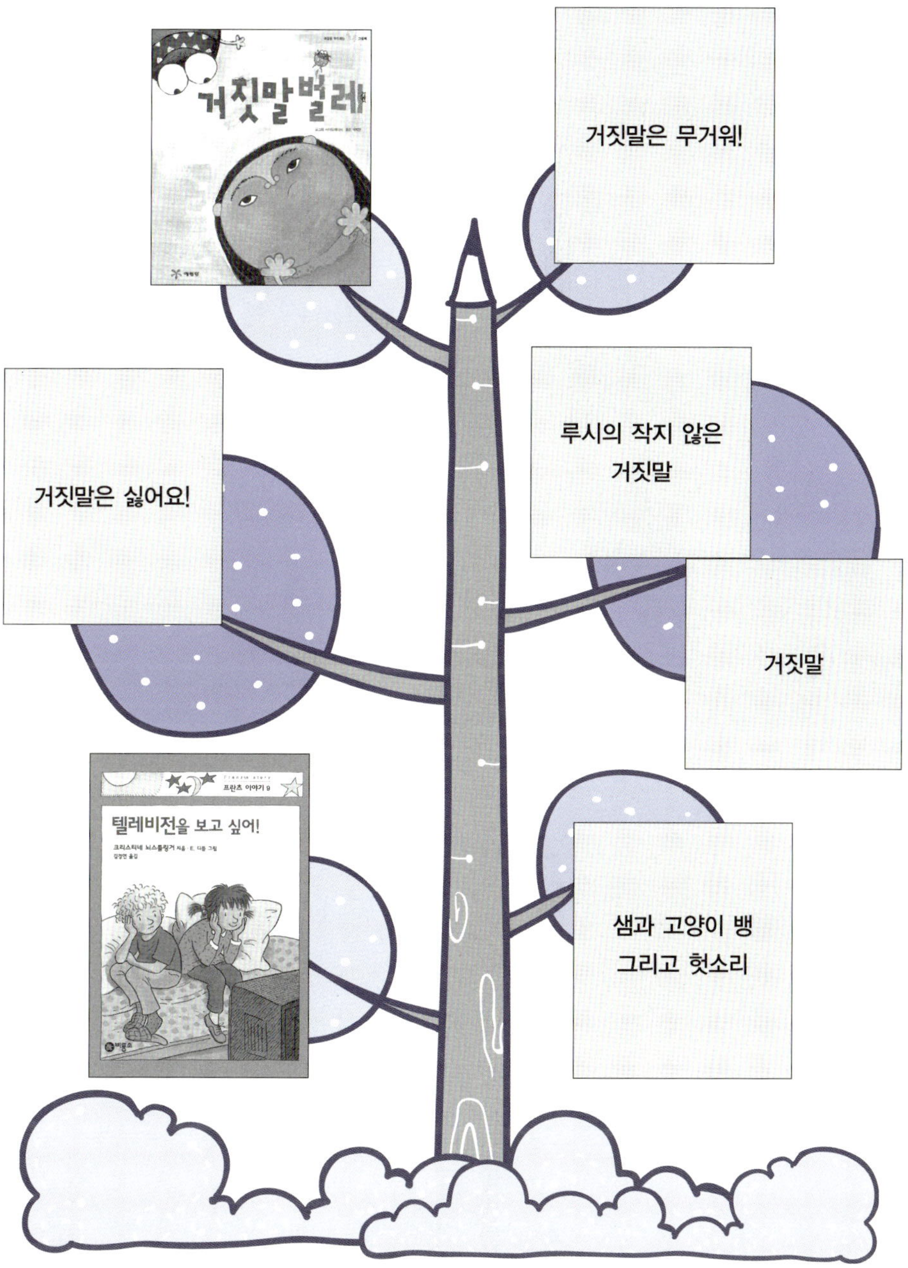
거짓말벌레
거짓말은 무거워!
거짓말은 싫어요!
루시의 작지 않은 거짓말
거짓말
프란츠 이야기 9
텔레비전을 보고 싶어!
샘과 고양이 뱅 그리고 헛소리

거짓말 벌레

글 · 그림 / 옮김	시아오메이 / 박지민		
출판사	예림당	출판 연도	2007

줄거리

샤오핑은 시험을 본 뒤 시험지를 받았지만 시험을 잘 보지 못했습니다. 샤오핑은 엄마에게 혼날까 봐 시험지를 받지 않았다고 거짓말을 합니다. 그러자 입 속에서 거짓말 벌레가 튀어나와 집에 있는 물건들을 갉아 먹기 시작합니다. 샤오핑은 부모님이 거짓말 벌레를 보고 거짓말한 것을 들킬까 봐 거짓말 벌레를 죽이려고 하지만 계속 늘어만 갑니다. 샤오핑이 결국 부모님께 잘못했다고 하자 거짓말 벌레가 사라진다는 내용입니다.

치료적 발문 과정

인식 질문

- 동화를 읽고 나니 어떤 느낌이 드나요?
- 샤오핑에게 어떤 말을 해 주고 싶나요?

고찰 질문

- 샤오핑은 부모님에게 어떤 거짓말을 했나요?
- 샤오핑은 부모님께 왜 거짓말을 했나요?
- 샤오핑이 기짓말을 할 때마다 입에서 뭐가 나왔나요?
- 거짓말 벌레는 샤오핑이 어떻게 했을 때 입 안에서 사라졌나요?
- 샤오핑처럼 거짓말을 하면 어떤 느낌이 들까요?

창의 질문

- 내가 샤오핑의 엄마라면 샤오핑이 거짓말을 하고 있다는 것을 알았을 때 어떻게 했을 것 같나요?
- 거짓말 벌레가 사라질 때 내가 좋아하는 물건이 같이 사라진다면 어떨 것 같나요?
- 공부를 해야 되는데 TV가 보고 싶을 땐 어떻게 할 수 있을까요?

적용 질문

- 샤오핑처럼 부모님께 거짓말을 해 본 적이 있나요? 왜 거짓말을 했나요?
- 내가 샤오핑이라면 어떻게 했을까요?
- 사실대로 말하기 싫을 때는 어떤 방법으로 부모님께 말할 수 있을까요?

행복한 창의력
Happy Creativity

부모님께 어떤 거짓말을 해 보았나요?

거짓말은 무거워!

글 / 그림	유계영 · 지경화 / 윤희동		
출판사	휴이념	출판 연도	2009

줄거리

민지네 반 친구들은 새로 전학 온 세라를 이야기에 잘 끼워 주지 않습니다. 세라는 친구들의 관심을 끌고 싶어서 거짓말을 합니다. 게다가 거짓말을 숨기려고 또 다른 거짓말을 지어 냅니다. 친구들은 세라의 말을 믿고 세라네 집으로 갑니다. 친구들에게 거짓말이 들통날까 봐 세라의 가슴이 조마조마했지만 세라의 거짓말은 실제로 이루어집니다. 거짓말이 자꾸 실제로 이루어지는 것에 재미를 붙인 세라는 점점 더 재밌는 거짓말을 궁리하여 지어 내지만 결국 친구들은 거짓말한 세라에게 화를 냅니다. 세라가 사실대로 말하자 친구들은 용서하고 사이좋게 지낸다는 내용입니다.

치료적 발문 과정

인식 질문

- 동화를 읽고 나니 어떤 느낌이 드나요?
- 세라에게 어떤 말을 해 주고 싶나요?

고찰 질문

- 세라는 어떤 거짓말을 했나요?
- 세라는 언제 거짓말을 들켰나요?
- 세라는 거인을 어떻게 만들었나요?
- 친구들이 세라 집에 가서 무엇을 하고 놀았나요?

창의 질문

- 거짓말을 하지 않고 친구들이 재미있어 할 이야기는 무엇이 있을까요?
- 만약 민지가 용서해 주지 않았다면 어떻게 되었을까요?
- 내가 세라라면 거짓말을 들켰을 때 어떻게 했을까요?
- 내가 민지라면 세라가 용서를 구했을 때 어떻게 했을까요?

적용 질문

- 세라처럼 친구들에게 거짓말을 해 본 적이 있나요? 그때 기분이 어땠나요?
- 친구에게 거짓말을 했다면 어떻게 사과를 할 수 있을까요?
- 주위에서 거짓말하는 친구를 본 적이 있나요? 그때 어떻게 했나요?
- 왜 거짓말은 점점 커질까요?
- 거짓말을 하지 않고 친구들과 놀 수 있는 방법은 무엇이 있을까요?

행복한 창의력
Happy Creativity

왜 거짓말은 점점 더 커질까요?

거짓말은 싫어요!

글 / 그림 / 옮김	안나 카살리스 / 마르코 캄파넬라 / 이현경		
출판사	키득키득	출판 연도	2008

줄거리

엄마는 또또에게 피노키오 그림책를 읽어 줍니다. 또또는 거짓말을 해서 길어진 피노키오의 코를 보고 재미있어 합니다. 엄마가 저녁 식사를 준비하러 갔을 때 또또는 바닥에 누워 피노키오를 그린 그림만 보고 있습니다. 엄마가 저녁 식사 전에 손을 씻고 오라고 하는 말에 또또는 손을 씻었다고 거짓말을 하고 이를 닦지 않고는 칫솔을 찾지 못해서 이를 닦지 못했다고 변명을 합니다. 또또가 계속 거짓말을 하자 엄마는 화가 나서 옆집 오소리가 동상을 깨뜨렸다는 또또의 말을 믿어 주지 않습니다. 결국 또또는 왜 거짓말을 하면 안 되는지 깨닫게 된다는 내용입니다.

치료적 발문 과정

인식 질문

- 동화를 읽고 가장 기억에 남는 내용은 무엇이었나요?
- 또또에게 어떤 말을 해 주고 싶나요?

고찰 질문

- 또또는 어떤 거짓말을 했나요?
- 또또는 거짓말을 하고 왜 코를 봤을까요?
- 엄마는 왜 또또의 말을 믿어 주지 않았을까요?
- 엄마는 또또에게 거짓말을 하고 나서는 어떻게 해야 한다고 했나요?
- 동상이 깨졌을 때 또또의 엄마는 어떻게 했나요?

- 또또의 엄마는 또또가 거짓말을 했을 때 뭐라고 했나요?

창의 질문

- 만약 또또가 계속 거짓말을 했다면 어떻게 되었을까요?
- 내가 만약에 엄마라면 외할아버지 동상을 깨버린 게 누구라고 생각했을까요?
- 거짓말을 하고 나중에 들키게 된다면 어떻게 될까요?
- 내가 만약에 엄마라면 또또가 거짓말한 것을 알았을 때 어떻게 했을까요?

적용 질문

- 또또처럼 사실을 말했지만 믿어 주지 않은 적이 있나요? 그때 기분이 어땠나요?
- 네가 또또였다면 어떻게 했을까요?
- 거짓말이 나오려고 할 때는 어떻게 하면 좋을까요?

행복한 창의력
Happy Creativity

거짓말이 나오려고 할 때 어떻게 하면 좋을까요?

루시의 작지 않은 거짓말

글 · 그림 / 옮김	로라 랜킨 / 노래하는 나무		
출판사	애플비	출판 연도	2007

줄거리

루시는 작은 물건을 좋아합니다. 어느 날 운동장에서 놀다가 풀밭에서 반짝이는 물건이 눈에 띄었는데 그것은 아주 작은 장난감 사진기였습니다. 신이 나서 사진을 찍던 루시는 마틴과 맞닥뜨리게 되고, 마틴은 루시에게 자신의 장난감을 달라고 하지만 루시는 자기 것이라고 거짓말을 합니다. 우연히 주운 장난감 때문에 거짓말을 하게 되고, 그 사실을 고백하기까지 어쩔 줄 몰라 걱정하는 루시의 이야기입니다.

치료적 발문 과정

인식 질문

- 동화를 읽고 나니 어떤 느낌이 드나요?
- 루시에게 어떤 말을 해 주고 싶나요?

고찰 질문

- 사진기의 주인은 누구였나요?
- 루시가 왜 가슴이 두근거리고 밥도 먹기 싫었을까요?
- 루시는 마틴에게 어떤 거짓말을 했나요?
- 거짓말을 했다고 누구에게 사실대로 얘기했나요?
- 루시는 거짓말을 한 후 마음이 어땠나요?
- 거짓말을 솔직히 털어놓자 선생님은 루시에게 어떻게 해 주었나요?
- 거짓말을 고백한 후 루시의 마음은 어땠나요?

창의 질문

- 만약 루시가 계속 거짓말을 했다면 어떻게 되었을까요?
- 만약 루시가 부모님과 선생님에게 말을 하지 않았다면 어떻게 되었을까요?
- 친구들이 주머니에 유치원 물건을 가져가 버리면 어떤 일이 생길까요?
- 친구가 잘못을 저지른다면 어떻게 해야 할까요?

적용 질문

- 루시처럼 친구나 남의 물건을 마음대로 쓰거나 자기 것이라고 한 적이 있나요?
- 친구의 것을 자기 것이라고 말할 때 친구의 마음은 어떨까요?
- 내가 루시였다면 거짓말했을 때 어떤 느낌이었을 것 같나요?
- 내가 마틴이라면 친구가 거짓말할 때 기분이 어떨 것 같나요?
- 실수로 거짓말을 했을 때는 어떻게 해야 할까요?
- 친구가 용서를 구할 때는 어떻게 해야 할까요?

행복한 창의력
Happy Creativity

실수로 거짓말을 했을 때는 어떻게 해야 할까요?

거짓말

글 · 그림 / 옮김	가사이 마리 / 손정원		
출판사	한솔수북	출판 연도	2005

줄거리

치치는 숲 속에서 빨간 장난감 자동차를 줍게 됩니다. 잠깐만 빌려가서 주인을 찾을 때까지만 갖고 있으려고 했던 자동차인데, 막상 숲 속에서 자동차를 찾고 있던 토비가 자동차를 물어보자 자신도 모르게 못본 척 거짓말을 하게 됩니다. 치치는 결국 토비에게 자동차를 돌려주고 사실대로 이야기하고 사과합니다. 그런데 그 자동차는 토비 형의 것이었고 토비도 형의 자동차를 몰래 들고 나왔다가 잃어버리고 형에게 거짓말을 했다는 것이었습니다. 자동차를 토비 형에게 돌려주기로 한 후 둘은 가슴이 아프지도 않고 두근거리지도 않게 되었다는 내용입니다.

치료적 발문 과정

인식 질문

- 동화를 읽은 후 어떤 부분이 가장 기억에 남나요?
- 치치에게 어떤 말을 해 주고 싶나요?

고찰 질문

- 치치는 토비에게 어떤 거짓말을 했나요?
- 토비는 누구에게 거짓말을 했나요?
- 치치의 가슴이 왜 따끔거리고 아팠나요?
- 치치는 토비에게 거짓말을 했다고 고백한 후 토비의 반응은 어땠나요?
- 치치가 토비에게 거짓말을 한 후 치치의 마음은 어땠나요?

창의 질문

- 만약 치치가 계속 거짓말을 했다면 어떻게 되었을까요?
- 만약 토비가 형에게 사실을 말하지 않았다면 어떻게 되었을까요?
- 친구가 잘못을 저지른다면 어떻게 해야 할까요?

적용 질문

- 치치나 토비처럼 친구에게 거짓말을 한 적이 있나요? 그때 기분이 어땠나요?
- 친구의 것을 자기 것이라고 말할 때 친구의 마음은 어떨까요?
- 거짓말을 해서 다른 사람의 마음을 아프지 않게 하려면 어떻게 해야 할까요?
- 나도 모르게 거짓말을 했을 때는 어떻게 해야 할까요?

행복한 창의력
Happy Creativity

계속 거짓말을 한다면 어떻게 될까요?

텔레비전을 보고 싶어!

글 · 그림 / 옮김	크리스티네 뇌스틀링거 / 에르하르트 디틀 / 김경연		
출판사	비룡소	출판 연도	2003

줄거리

학교에 오면 친구들은 텔레비전에서 본 재미있는 이야기를 하느라 정신없습니다. 하지만 프란츠는 텔레비전을 많이 못 보게 하는 엄마 아빠 때문에 친구들과의 이야기에 끼지 못합니다. 어느 날 프란츠는 친구들에게 재미있는 텔레비전 프로그램을 보았다고 거짓말을 하자 친구들이 집으로 온다는 이야기를 합니다.

치료적 발문 과정

인식 질문

- 이 책에서 가장 인상에 남는 부분은 어디인가요?
- 프란츠에게 어떤 이야기를 해 주고 싶나요?

고찰 질문

- 프란츠는 친구들에게 어떤 거짓말을 했나요?
- 프란츠는 친구들에게 거짓말을 해서 어떤 문제가 생겼나요?
- 프란츠는 양심의 가책을 느껴 누구에게 고민을 털어놓았나요?

창의 질문

- 엄마, 아빠는 왜 텔레비전을 보지 못하게 했을까요?
- 옛날에 텔레비전이 없을 때의 어린아이들은 무엇을 하고 놀았을까요?
- 텔레비전을 보지 않고 친구와 대화할 수 있는 방법은 없나요?

- 프란츠가 자기 자신을 참 자랑스럽다고 느낄 때는 언제였나요?

적용 질문

- 텔레비전을 보기 위해 거짓말한 적이 있나요? 어떤 거짓말이었나요?
- 거짓말을 한 후에 기분이 어땠나요?

행복한 창의력
Happy Creativity

텔레비전을 보지 않고 친구와 어떤 대화를 할 수 있을까요?

샘과 고양이 뱅 그리고 헛소리

글 · 그림 / 옮김	네스 이브라인 / 이준덕		
출판사	다음세대	출판 연도	1999

줄거리

샘은 거짓말을 잘하는 여자 아이입니다. 엄마가 인어라고도 하고 아기 캥거루가 있다고 말합니다. 아버지가 거짓말은 헛소리일 뿐이라고 야단을 칩니다. 그러나 샘은 자신의 생각을 그대로 말하는 것이라고 여깁니다.

치료적 발문 과정

인식 질문

- 이 책에서 가장 인상에 남는 부분은 어디인가요?
- 샘에게 어떤 이야기를 해 주고 싶나요?

고찰 질문

- 샘은 어떤 거짓말을 하나요?
- 아버지는 샘에게 어떤 말을 해 주나요?
- 샘이 한 꾸며 낸 말은 거짓말과 같을까요? 다를까요?

창의 질문

- 만일 내가 샘이라면 어떤 말을 꾸며 볼 수 있을까요?
- 샘처럼 친구의 말을 잘 믿고 그대로 따르려는 친구가 있어 어려운 상황이 생긴다면 그때는 어떻게 해야 할까요?

- 때때로 상상의 날개를 펴다가 꾸며 낸 말을 하게 되는데 위험하기도 해요. 진실을 말하면 좋은 점이 무엇일까요?

적용 질문

- 나도 샘처럼 사실이 아닌 것을 사실처럼 꾸며내서 남에게 이야기한 적이 있나요?
- 내가 꾸며 낸 말을 듣고 남이 속을 때 기분이 어떨 것 같나요? 또 내가 속았을 때는 기분이 어떨까요?

행복한 창의력
Happy Creativity

진실을 말하면 좋은 점은 무엇일까요?

사랑/이타심 어려운 사람을 도와요!

마들린느와 쥬네비브

글 · 그림 / 옮김	루드비히 베멀먼즈 / 이선아		
출판사	시공주니어	출판 연도	2002

줄거리

떠돌이 개인 쥬네비브는 물에 빠진 마들린느를 구해 줍니다. 아이들은 쥬네비브를 기숙사로 데리고 와서 친구로 여기며 좋아합니다. 하지만 학부모들은 더러운 짐승으로 여겨 쥬네비브를 기숙사에서 쫓아 냅니다. 개를 찾기 위한 아이들의 노력으로 쥬네비브는 기숙사에 다시 들어와 새끼 강아지를 낳아서 아이들과 재미있게 지낸다는 내용입니다.

치료적 발문 과정

인식 질문

- 이 책을 보고 어떤 생각이 드나요?
- 이 책에서 가장 인상에 남는 부분은 어디인가요?

고찰 질문

- 쥬네비브를 서로 끌어안고 잠자려 다투던 소녀들이 더 이상 싸우지 않게 되었던 이유는 무엇이었나요?
- 아이들은 개를 무척 좋아하는데 어른들은 우리 마음을 몰라주고 왜 개를 몰아낼까요?

창의 질문

- 만약 내가 마들린느처럼 물에 빠진다면 어떻게 할까요?
- 만약 내가 강아지라면 기숙사에서 사람들과 어떻게 지낼까요?

- 내가 어른이라면 쥬네비브를 기숙사에서 어떻게 했을까요?

적용 질문

- 버려진 동물을 보면 어떤 생각이 드나요?
- 만약 쥬네비브 같은 강아지가 버려져 있다면 어떻게 해줄 건가요?

행복한 창의력
Happy Creativity

만약 쥬네비브 같은 강아지가 버려져 있다면 어떻게 해줄 건가요?

케이티와 폭설

글 · 그림 / 옮김	버지니아 리 버튼 / 홍연미		
출판사	시공주니어	출판 연도	1993

줄거리

지오폴리스 도시는 두툼한 담요처럼 하얀 눈으로 뒤덮였습니다. 케이티는 부지런히 최선을 다해 지오폴리스 도시를 눈 속에서 복원해 놓습니다. 동서남북으로 종횡무진 자신이 필요한 곳을 향해 다니며 케이티는 하루 종일 열심히 일합니다. 이웃을 위해 도움이 될 수 있는 곳에서 주어진 일을 즐거워하고 최선을 다하는 모습이 얼마나 따뜻하고 아름다운 일인지 느낄 수 있게 해 줍니다.

치료적 발문 과정

인식 질문

- 이 책에서 가장 인상에 남는 부분은 어디인가요?
- 책 제목을 보니 어떤 내용일 것 같나요?

고찰 질문

- 케이티에게 도움을 요청하면 케이티는 어떻게 하였나요?
- 두툼한 담요처럼 하얀 눈으로 뒤덮인 도시 전체를 어떤 생각과 마음으로 케이티는 길을 내고 도와주었을까요?

창의 질문

- 만약에 내가 케이티를 운전한다면 가장 하고 싶은 일이 무엇인가요?
- 눈이 많이 내려 전화, 전기, 수도가 불통이라면 우리는 어떻게 지낼 수 있

을까요?

- 나라면 2층 창문까지 쌓인 눈을 어떻게 치울 수 있을까요?

적용 질문

- 자신에게 주어진 일을 즐거워하고 최선을 다한다면 내 기분은 어떨까요?
- 아무것도 꼼짝 못하는 정지된 상황에서 내가 주위를 도울 수 있는 방법은 무엇일까요?

행복한 창의력
Happy Creativity

나라면 2층 창문까지 쌓인 눈을 어떻게 치울 수 있었을까요?

괜찮아

글 / 그림	고정욱 / 최호철		
출판사	낮은산	출판 연도	2002

줄거리

오늘도 동구는 혼자서 엄마를 기다립니다. 혼자 남아서 늦게까지 엄마를 기다리는 소아마비 친구 동구를 그냥 두고 갈 수 없어 영식이는 작은 등에 동구를 업고 갑니다. 두 친구는 멀고 힘든 길을 업고, 업혀 가면서 서로를 걱정하고 미안해합니다. 두 친구 간의 사랑은 서로의 부족한 마음을 채워 주는 따뜻함이 번져 가는 이야기입니다.

치료적 발문 과정

인식 질문

- 이 책을 보고 어떤 생각이 드나요?
- 이 책에서 가장 인상에 남는 부분은 어디인가요?

고찰 질문

- 학교에서 집에까지 오는데 지나쳐 온 곳은 어디 어디인가요?
- 영식이는 동구를 왜 업었을까요?
- 늦게까지 오지 않은 엄마는 무엇을 하셨을까요?

창의 질문

- 친구들은 영식이에게 고마운 마음을 어떻게 표현할 수 있을까요?
- 만약 내가 영식이라면 어떻게 동구를 집에까지 데리고 갈 수 있을까요?

적용 질문

- 친구들에게 놀림을 당한 적이 있나요? 그럴 땐 어떻게 할까요?
- 혼자 남은 동구를 보았다면 어떻게 했을까요? 왜 그랬을까요?
- 영식이처럼 쓸쓸할 때는 어떻게 할까요?

행복한 창의력
Happy Creativity

혼자 남은 동구를 보았다면 나는 어떻게 했을까요?

오른발, 왼발

글 · 그림 / 옮김	토미 드 파올라 / 정해왕		
출판사	비룡소	출판 연도	1999

줄거리

할아버지는 보비와 늘 같이 놀아 주고 걸음마도 가르쳐 주었습니다. 그런데 어느 날 갑자기 뇌졸중에 걸려 아무도 몰라보고 걷지도 못하게 되었습니다. 보비는 할아버지가 보비에게 그랬던 것처럼 탑 쌓기 놀이를 하며 할아버지에게 말을 가르쳐 드립니다. 그리고 자신이 할아버지를 따라 오른발, 왼발 하며 걸음마를 배운 것처럼 할아버지에게도 걷는 법을 가르쳐 주면서 정을 느낀다는 내용입니다.

치료적 발문 과정

인식 질문

- 이 책을 보고 어떤 생각이 드나요?
- 이 책에서 가장 인상에 남는 부분은 어디인가요?

고찰 질문

- 할아버지는 보비에게 어떻게 걸음마를 가르쳤나요?
- 할아버지가 코끼리 블록만 보면 재채기를 하시는 이유는 무엇일까요?
- 할아버지가 보비를 알아보지 못한다고 했을 때 보비의 기분은 어땠을까요?

창의 질문

- 내게 보비의 블록이 있다면 할아버지와 무엇을 할 수 있을까요?

- 만일 할아버지가 계속해서 보비를 알아보지 못했다면 보비는 어떻게 했을까요?
- 나라면 아프신 할아버지께 어떤 말을 해 드릴 수 있을까요?

적용 질문

- 우리 가족 중에도 아픈 사람들이 있나요? 있다면 도와드릴 수 있는 방법은 무엇이 있을까요?
- 만약 보비를 만난다면 어떤 말을 해줄 수 있을까요?

행복한 창의력
Happy Creativity

가족 중에 아픈 사람이 있다면 어떻게 도와줄 수 있을까요?

까막눈 삼디기

글 / 그림	원유순 / 이현미		
출판사	웅진주니어	출판 연도	2003

줄거리

친구들은 글을 읽지도 쓰지도 못하는 삼디기를 놀려댑니다. 새로 전학 온 보라는 선생님도 어쩌지 못하는 삼디기에게 사랑과 인내로 동화책을 읽어 주고 글을 가르칩니다. 보라는 나보다 못한 친구들에게 해줄 수 있는 것이 무엇인지 알게 하는 선생님의 선생님이 된 것입니다.

치료적 발문 과정

인식 질문

- 이 책에서 가장 인상에 남는 부분은 어디인가요?
- 이 책의 제목을 보니 어떤 내용일 것 같나요?

고찰 질문

- 삼디기와 보라가 태어난 곳은 각각 어디일까요?
- 삼디기는 왜 친구들에게 미움을 받았을까요?

창의 질문

- 내용을 읽고 새로운 제목을 붙여 준다면 어떻게 할 수 있을까요?
- 나라면 삼디기에게 어떻게 글을 가르칠 수 있을까요?
- 2학년이 끝날 때까지 삼디기가 글을 읽지 못했다면 어떤 일이 일어났을까요?

적용 질문

- 심디기 같은 친구가 우리 반에 있다면 어떤 마음이 들까요?
- 삼디기가 친구라면 어떻게 해줄 수 있을까요?
- 내가 만일 삼디기라면 보라에게 고마운 마음을 어떻게 전할 수 있을까요?

행복한 창의력
Happy Creativity

삼디기가 친구라면 어떻게 해줄 수 있을까요?

가방 들어 주는 아이

글 / 그림	고정욱 / 백남원		
출판사	사계절	출판 연도	2002

줄거리

양쪽에 목발을 짚고 다니는 영택이를 위해 석우는 가장 가깝게 살기 때문에 일 년간 가방을 들어 주었습니다. 그러나 시간이 갈수록 왜 그렇게 해야 되는지와 영택이를 이해해 나가기 시작합니다. 3학년이 된 석우는 이젠 영택이의 가방을 어쩔 수 없이 들어 주는 것이 아니라 사랑하는 친구로서 다시 들어 주게 됩니다.

치료적 발문 과정

인식 질문

- 이 책에서 가장 인상에 남는 부분은 어디인가요?
- 영택이에게 어떤 이야기를 해 주고 싶나요?

고찰 질문

- 왜 석우가 영택이의 가방을 들어 주게 되었나요?
- 영택이가 수술 받으러 가기 전에 석우에게 준 선물은 무엇인가요?
- 나라면 영택이의 가방 들어 주는 친구를 어떤 기준으로 결정했을까요?

창의 질문

- 만일 석우가 영택이의 가방을 들어 주지 않았다면 어떻게 되었을까요?
- 만일 석우라면 일 년이 지난 후 3학년이 되었을 때 어떻게 했을까요?

적용 질문

- 자신의 생일날 친구들을 초대한 적이 있나요? 초대한 친구들이 다 왔나요? 그러지 않았다면 왜 그랬다고 생각하나요?
- 자신의 용돈을 모아 친구에게 선물한 적이 있나요? 기분이 어땠을까요?
- 만일 내가 신체적 장애를 갖고 있다면 어떨까요?

행복한 창의력
Happy Creativity

영택이 같은 친구가 주위에 있다면 어떻게 했을까요?

난 소중해요!

자신감/자아 존중감

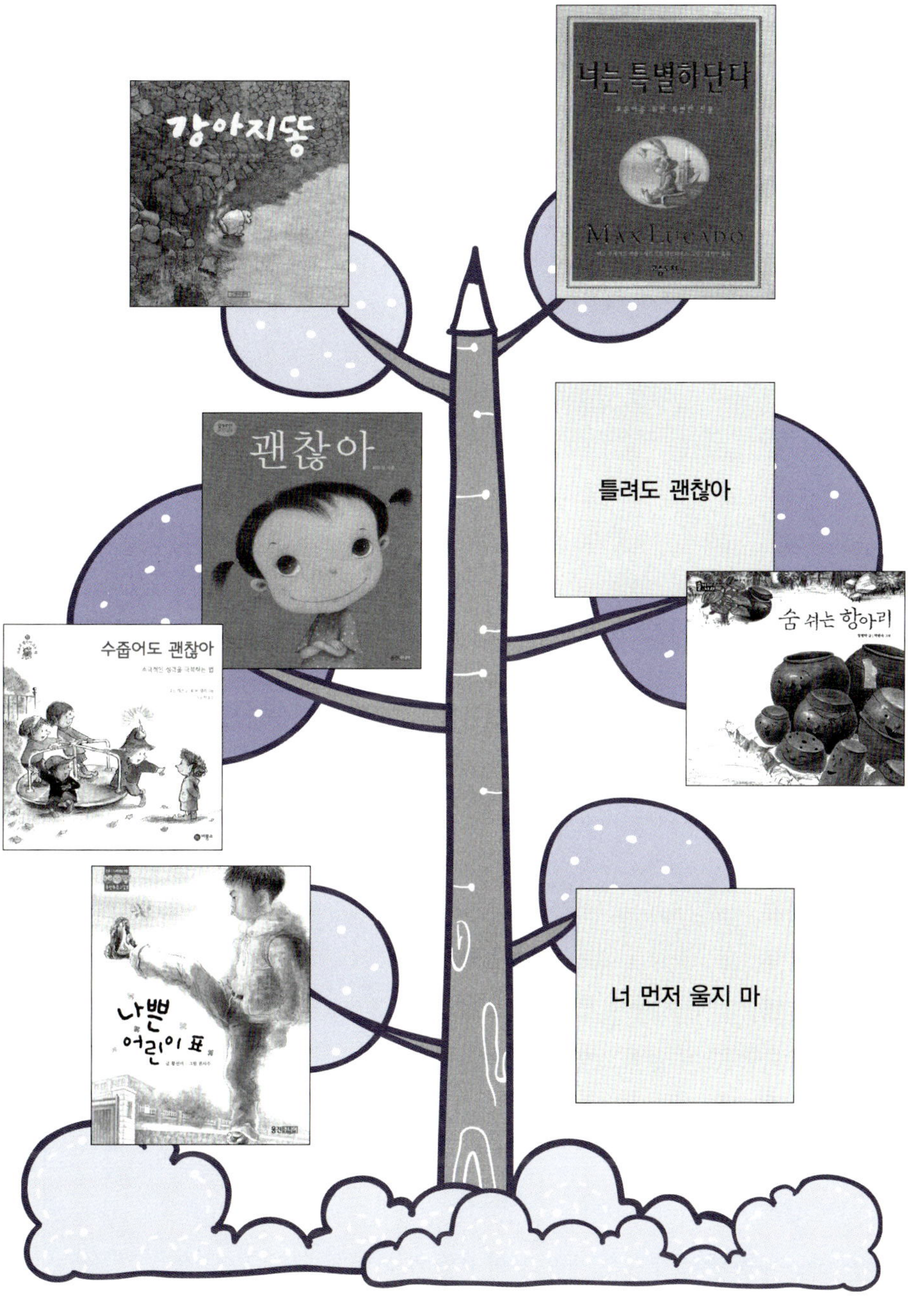

강아지똥

글 / 그림	권정생 / 정승각		
출판사	길벗어린이	출판 연도	1996

줄거리

흰둥이가 누고 간 강아지똥에게 날아가던 참새도, 흙덩이도, 병아리도 더럽고 쓸모없다고 말합니다. 혼자 남은 강아지똥에게 민들레는 예쁜 꽃을 피우기 위해 거름이 필요하다고 말합니다. 강아지똥은 기뻐서 민들레를 끌어안습니다. 하늘에서 내리는 빗방울로 강아지똥은 빗물에 부서져 민들레 뿌리로 들어가고 마침내 강아지똥이 소중한 거름이 되어 민들레꽃이 피어난다는 내용입니다.

치료적 발문 과정

인식 질문

- 동화를 읽고 나니 생각나는 것이 있나요?
- 이야기 내용 중 가장 기억에 남는 장면이 있었나요?

고찰 질문

- 강아지똥은 왜 쓸모없다고 생각했나요?
- 민들레는 강아지똥에게 뭐라고 말했나요?
- 강아지똥은 어디에 쓰였나요?
- 강아지똥은 누구에게 도움을 주었나요?

창의 질문

- 민들레를 만나지 못했다면 강아지똥은 어떻게 되었을까요?

- 나라면 강아지똥이 필요한 존재라는 것을 어떻게 알렸을까요?
- 내가 강아지똥이라면 민들레 말고 누구에게 도움이 될 수 있었을까요?

적용 질문

- 남들에게 필요 없는 존재라고 느낀 적이 있나요? 그때 기분은 어땠나요?
- 강아지똥처럼 어떠한 사람이 되고 싶나요?
- 내가 잘할 수 있는 것들에는 어떤 것들이 있을까요?

행복한 창의력
Happy Creativity

내가 잘할 수 있는 것에는 어떤 것들이 있을까요?

너는 특별하단다

글 / 그림 / 옮김	맥스 루카도 / 세르지오 마르티네즈 / 아기장수의 날개		
출판사	고슴도치	출판 연도	2002

줄거리

웸믹이라는 작은 '나무 사람들'은 모두 엘리라는 목수 아저씨가 만들었습니다. 제각기 다른 웸믹들은 금빛 별표와 잿빛 점표가 든 상자를 가지고 다니면서 서로에게 붙여 주는 것으로 하루를 보냅니다. 재주가 뛰어나거나 색이 잘 칠해진 웸믹들은 별표를 받고, 나무결이 거칠거나 재주가 없는 웸믹들은 잿빛 점표를 받았습니다. 펜치넬로는 항상 잿빛 점표를 받습니다. 의기소침해 하던 펜치넬로에게 루시아는 목수 아저씨를 만나라고 말해 줍니다. 용기를 내어 엘리 아저씨를 찾아간 펜치넬로는 몸에 덕지덕지 붙은 점표들이 부끄러워 변명을 해대지만 아저씨는 끊임없이 특별한 존재라고 자신감을 불어넣어 줍니다.

치료적 발문 과정

인식 질문

- 동화를 읽고 나니 생각나는 것이 있나요?
- 이야기 내용 중 가장 기억에 남는 장면이 있었나요?

고찰 질문

- 펜치넬로는 항상 자기를 어떻게 생각했지요?
- 펜치넬로도 처음에는 자기가 아무짝에도 쓸모가 없다고 생각했지만, 나중에는 어떻게 되었지요?
- 웸믹들은 어떤 친구들에게 금빛 점표를 붙여 주었나요?

- 웸믹들은 어떤 친구들에게 잿빛 점표를 붙여 주었나요?

창의 질문

- 루시아를 만나지 못했다면 펀치넬로는 어떻게 되었을까요?
- 항상 잿빛 점표를 받은 펀치넬로는 자신을 어떻게 생각했을까요?
- 내가 펀치넬로라면 금빛 별표를 받기 위해서 어떤 노력을 했을까요?

적용 질문

- 나도 펀치넬로처럼 느꼈던 적이 있었나요?
- 만약 웸믹들이 나에게 점표를 붙여 준다면 어떤 점표를 붙여 주었을까요?
- 금빛 별표 또는 잿빛 점표를 받았다면 왜 그랬다고 생각하나요?

행복한 창의력
Happy Creativity

나는 웸믹들에게 어떤 점표를 받을 수 있을까요?

괜찮아

글 · 그림	최숙희		
출판사	웅진주니어	출판 연도	2005

줄거리

아이가 보기에 동물들은 참 이상합니다. 개미는 너무 작고, 고슴도치는 따끔거리는 가시가 너무 많습니다. 다리가 없는 뱀, 새이면서 날지 못하는 타조도 이상합니다. 기린은 또 목이 어찌나 긴지 참 불편해 보입니다. 아이는 동물들을 조금 놀리고 싶은 마음에 동물들의 모습을 놀리지만 동물들은 아랑곳없이 "괜찮아!"라고 대답합니다.

치료적 발문 과정

인식 질문

- 동화를 읽고 나니 생각나는 것이 있나요?
- 이야기 내용 중 가장 기억에 남는 장면이 있었나요?

고찰 질문

- 개미는 작지만 어떤 장점이 있었나요?
- 아이가 동물들을 놀릴 때마다 동물들은 모두 뭐라고 했나요?
- 동물들이 아이에게 "그럼 너는?"이라고 물었을 때 아이는 뭐라고 대답했나요?

창의 질문

- 아이가 동물들을 놀렸을 때 동물들이 화를 냈다면 어떻게 되었을까요?
- 아이의 놀림에 동물들이 자신의 모습을 바꾸려고 노력했다면 모습이 달라

졌을까요?

- 놀리는 아이에게 어떤 말을 해 주고 싶나요?

적용 질문

- 자신과 다른 모습을 한 친구를 놀린 적 있나요?
- 다른 친구에게 놀림을 받은 적이 있나요? 그때 기분이 어땠나요? 놀리는 친구에게 어떻게 했나요?
- 남들과 다른 모습 때문에 속상한 점이나 좋은 점이 있었나요?

행복한 창의력
Happy Creativity

친구를 놀리는 아이들에게 어떤 일을 해 주고 싶은가요?

수줍어도 괜찮아

글 / 그림 / 옮김	J. S. 잭슨 / R. W. 앨리 / 노은정		
출판사	비룡소	출판 연도	2007

줄거리

수줍음이 많은 아이들은 수업 시간에 발표를 하거나 친구들 앞에서 자신의 의견을 제대로 제시하지 못합니다. 수줍음이 나쁜 것은 아니지만 그로 인해 불편을 겪는 아이들에게 수줍은 성격의 좋은 점을 유지하면서 좀 더 씩씩해질 수 있는 방법과 자신의 성격을 긍정적으로 바꿀 수 있는 방법을 제시하고 있습니다.

치료적 발문 과정

인식 질문

- 동화를 읽고 나니 생각나는 것이 있나요?
- 이야기 내용 중 가장 기억에 남는 장면이 있었나요?

고찰 질문

- 수줍음을 많이 탔던 세계적으로 유명한 사람들에는 누가 있을까요?
- 친구들이 따돌리거나 놀리면 어떻게 한다고 했나요?

상의 질문

- 수줍음을 물리치려면 어떻게 해야 할까요?
- 만약 주위 친구가 수줍음을 타서 말을 못하고 있다면 어떻게 해줄 수 있을까요?

적용 질문

- 친해지고 싶은 친구가 있는데 먼저 말을 못 건 적이 있나요?
- 수줍음이 많아서 불편한 점은 어떤 것인가요? 그렇다면 수줍은 네 성격을 어떻게 변화시키면 좋을까요?

행복한 창의력
Happy Creativity

수줍음이 많아서 불편한 점에는 어떤 것들이 있나요?

틀려도 괜찮아

글 / 그림 / 옮김	마키타 신지 / 하세가와 토모코 / 유문조		
출판사	토토북	출판 연도	2006

줄거리

초등학교 1학년 신입생인 에르반은 집에서는 이야기도 잘 하고, 유치원에서 발표도 곧잘 하던 아이지만, 낯선 친구들과 선생님 앞에서는 쑥스러워합니다. 게다가 집이나 유치원보다 경직된 교실의 분위기는 주눅 들게 하여 알고 있는 것도 발표할 수 없게 만듭니다. 멋지게 대답하고 싶지만 틀릴까 봐, 답이 틀렸다고 친구들이 웃지는 않을까 하는 생각 때문에 손 들고 발표하기도 싫습니다. 그러나 점점 교실은 틀려도 괜찮은 곳, 틀리면서 정답을 찾아가는 곳이라는 것을 깨닫게 됨으로써 즐거운 마음으로 학교생활을 할 수 있도록 도와주는 내용입니다.

치료적 발문 과정

인식 질문

- 동화를 읽고 나니 생각나는 것이 있나요?
- 이야기 내용 중 가장 기억에 남는 장면이 있었나요?
- 에르반에게 해 주고 싶은 이야기가 있나요?

고찰 질문

- 에르반은 왜 발표하는 것을 싫어할까요?
- 에르반은 어떻게 했나요?

창의 질문

- 만약 내가 에르반이었다면 바숑 선생님께 뭐라고 말해 줬을 것 같나요?
- 만약 내가 칠판 앞에 나가서 발표한다면 어떨 것 같나요?
- 에르반이 계속 발표하는 것을 두려워했다면 어떻게 되었을까요?

적용 질문

- 친구들 앞에 나설 때 에르반처럼 두려웠던 적이 있나요? 그때 어떻게 했나요?
- 내가 만약 에르반이라면 어떻게 했을까요?

행복한 창의력
Happy Creativity

내가 만약 에르반이라면 어떻게 했을까요?

숨 쉬는 항아리

글 / 그림	정병락 / 박완숙		
출판사	보림	출판 연도	2005

줄거리

항아리는 흙을 빚어서 물레에 돌린 후 뜨거운 불에서 구워지는 힘든 과정을 거치고 태어납니다. 처음 세상에 나온 작은 옹기는 못생기고 쓸모없게 보였지만 항아리 안에 담기는 음식물에 따라 김칫독이 될 수도 있고, 고추장 단지가 될 수도 있다는 이야기를 통해 작은 것의 소중함을 찾아 주는 내용입니다.

치료적 발문 과정

인식 질문

- 이 책에서 가장 인상에 남는 부분은 어디인가요?
- 책을 읽고 어떤 느낌이 드나요?

고찰 질문

- 작은 항아리가 해낸 일은 무엇인가요?
- 작은 항아리는 왜 자신이 못생겼다고 생각했나요?
- 작은 항아리는 왜 슬펐을까요?

창의 질문

- 흙으로 할 수 있는 일에는 어떤 것들이 있을까요?
- 작은 항아리는 어떻게 자신을 사랑하게 되었을까요?

적용 질문

- 만약 내가 작은 항아리였다면 놀렸던 친구들에게 뭐라고 말해 주고 싶나요?
- 자신을 사랑하는 방법에는 어떤 것이 있을까요?

행복한 창의력
Happy Creativity

자신을 사랑하는 방법에는 어떤 것이 있을까요?

나쁜 어린이 표

글 / 그림	황선미 / 권사우		
출판사	웅진주니어	출판 연도	1999

줄거리

나쁜 어린이 표를 받은 건우는 착한 어린이 표를 받아 보려고 애를 쓰지만 잘 되지 않습니다. 건우는 결국 선생님이 가리고 있는 나쁜 어린이 표 스티커 뭉치를 없애는 잘못을 저지릅니다. 선생님은 건우의 잘못은 덮어 주고 그 일을 비밀로 만들면서 선생님과 조금씩 가까워지기 시작합니다.

치료적 발문 과정

인식 질문

- 이 책에서 가장 인상에 남는 부분은 어디인가요?
- 건우에게 어떤 이야기를 해 주고 싶나요?

고찰 질문

- 건우가 잘할 수 있는 것은 무엇이었나요?
- 건우와 선생님과의 비밀은 무엇이었나요?
- 비밀이 생긴 이후 건우는 어떻게 했을까요?

창의 질문

- 나쁜 어린이 표 대신 다른 이름을 지어 준다면 어떤 것이 있을까요?
- 내가 선생님이라면 나쁜 어린이 표를 받은 아이에게 어떻게 했을까요?
- 만일 선생님이 스티커 뭉치를 없앤 건우를 용서하지 않았다면 어떤 일이

생겼을까요?

- 만일 건우가 착한 어린이 표를 많이 받은 아이라면 스티커 뭉치를 어떻게 했을까요?

적용 질문

- 내가 나쁜 어린이 표를 받았다면 어떤 기분일까요?
- 건우를 만난다면 어떤 말을 해줄 수 있을까요?
- 나쁜 어린이 표를 받지 않으려면 어떻게 해야 할까요?

행복한 창의력
Happy Creativity

내가 만약 선생님이라면
나쁜 어린이 표를 받은 아이에게 어떻게 했을까요?

너 먼저 울지 마

글 / 그림	안미란 / 김종도		
출판사	사계절	출판 연도	2001

줄거리

너무 약하게 태어난 막내 참새 짤뚝이를 독립시키는 엄마, 아빠는 걱정이 많습니다. 식량을 구하다 못에 찔려 한쪽 다리를 절게 된 짤뚝이는 자신의 모습에 자신감을 더 잃어 갑니다. 그러던 어느 날 아이들에게 붙들려 새장에 갇혔으나 흰누리가 다리가 불편한 것은 불쌍하거나 창피한 일이 아니라고 계속 용기를 주면서 탈출하게 된다는 내용입니다.

치료적 발문 과정

인식 질문

- 이 책에서 가장 인상에 남는 부분은 어디인가요?
- 짤뚝이에게 어떤 이야기를 해 주고 싶나요?

고찰 질문

- 막내 참새는 어디에서 다리를 다쳤나요?
- 흰누리의 머리에 있는 상처는 어떻게 생겼나요?
- 왜 모두들 큰수리를 구하러 가자는 말에 반대를 했을까요?

창의 질문

- 짤뚝이에게 다른 별명을 지어 준다면 어떤 것이 있을까요?
- 흰누리가 새장에 갇힌 짤뚝이에게 용기를 주지 않았다면 어떤 일이 일어났을까요?

- 거미줄에 걸린 짤뚝이가 빠져나올 수 있는 방법은 어떤 것이 있을까요?
- 짤뚝이가 엄마 아빠를 다시 만난다면 어떤 말을 할 수 있을까요?

적용 질문

- 내게도 남이 보면 창피한 부분이 있나요? 있다면 왜 그렇게 생각하나요?
- 나는 짤뚝이에게 어떻게 용기를 전달할 수 있을까요?

행복한 창의력
Happy Creativity

짤뚝이에게 어떻게 용기를 전달할 수 있을까요?

4장 신체 및 성

:: 장애 ::

- 내 친구 여진이
- 내 다리는 휠체어
- 반쪽이
- 길 아저씨 손 아저씨
- 아름다운 아이 세진이
- 헬렌 켈러

:: 외모 ::

- 짧은 귀 토끼
- 내 귀는 짝짝이
- 까마귀 소년
- 깃털 없는 기러기 보르카
- 땅꼬마 산타클로스

신체 및 성

:: 성 지식 ::

- 동생이 생겼어요!
- 조이에게 동생이 생겼어요!
- 너랑 나랑 뭐가 다르지?
- 나는 사랑의 씨앗이에요
- 내 몸, 네 몸

:: 성폭력 ::

- 이상한 느낌이에요
- 난 싫다고 말해요
- 이럴 땐 싫다고 말해요!
- 다정한 손길

장애 몸이 불편해요!

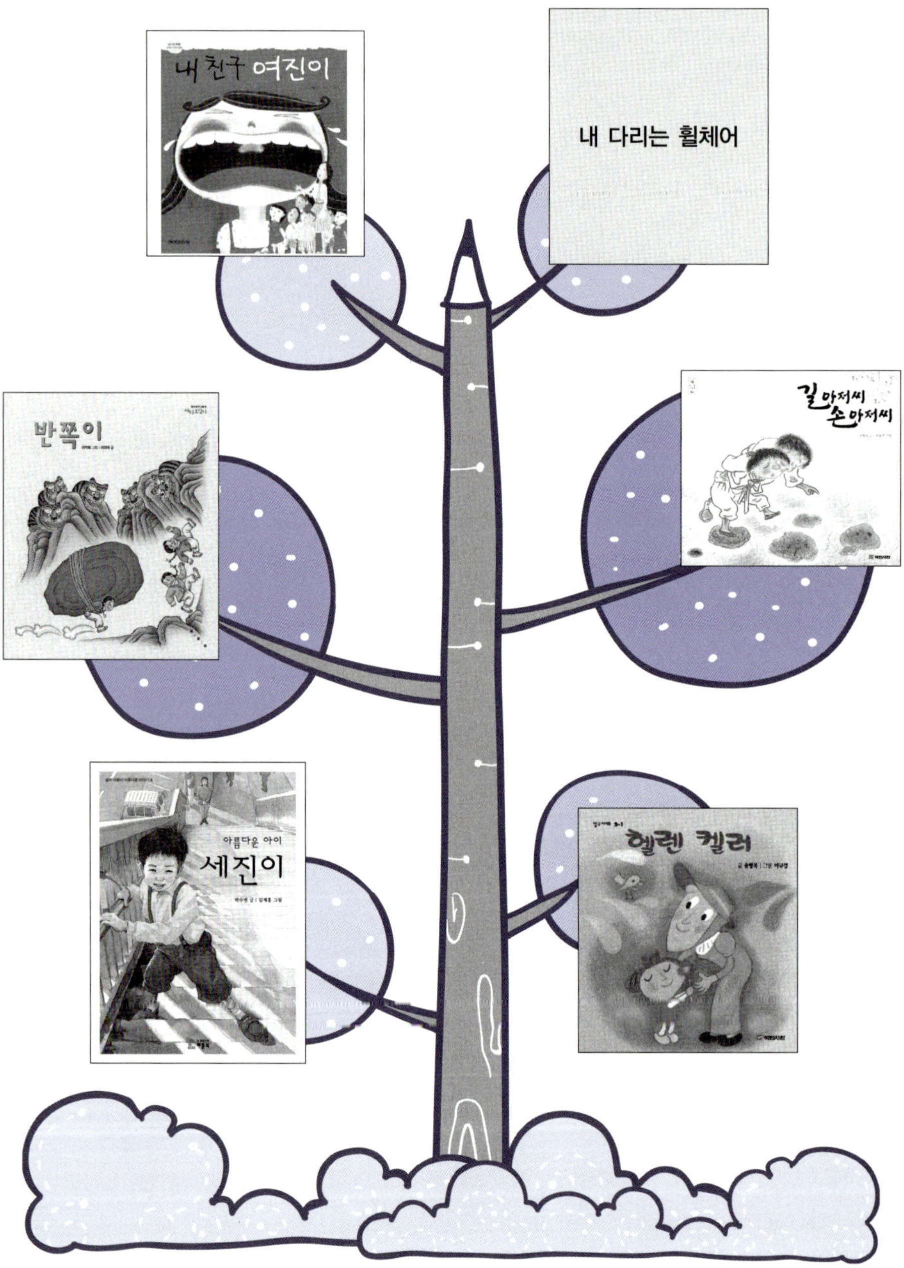

내 친구 여진이

글 / 그림	김혜리 / 김지아		
출판사	아이코리아	출판 연도	2007

줄거리

여진이는 몸이 좀 불편합니다. 그런 여진이를 위해 친구들은 모든 것을 도와주려고 합니다. 여진이는 자기가 할 수 있는 것도 도와주는 친구들이 싫어 속상해합니다. 여진이는 몸이 불편하지만 그림도 잘 그리고 피아노도 잘 칩니다. 여진이처럼 몸이 불편한 친구라도 도움이 필요한지 물어보고 원할 때 도와주기, 서툴러 보이고 힘들어 보여도 기다려 주기, 스스로 할 수 있는 기회 주기 등 올바른 방법을 통해 더 좋은 친구가 될 수 있습니다.

치료적 발문 과정

인식 질문

- 동화를 읽고 나니 어떤 느낌이 드나요?
- 여진이에게 어떤 말을 해 주고 싶나요?

고찰 질문

- 친구들은 여진이에게 무엇을 도와주었나요?
- 친구들의 도움에 여진이는 왜 울었을까요?
- 여진이는 친구들이 왜 무조건 도와주는 것을 싫어했을까요?

창의 질문

- 여진이가 친구들과 다른 점은 무엇이었나요?

- 여진이가 친구들과 같은 점은 무엇이었나요?
- 여진이처럼 몸이 불편하다고 뭐든지 도와주어야 할까요? 우리가 도움 받을 일은 없을까요?

적용 질문

- 여진이의 기분을 상하지 않게 도와주려면 어떻게 해야 할까요?
- 여진이 같은 장애 친구를 보면 어떻게 도와주어야 할까요?
- 여진이의 고민을 해결해 주려면 어떻게 해야 할까요?

행복한 창의력
Happy Creativity

여진이 같은 장애 친구를 보면 어떻게 도와주어야 할까요?

내 다리는 휠체어

글 / 그림 / 옮김	프란츠 요제프 후아이니크 / 베레나 발하우스 / 김경연		
출판사	주니어김영사	출판 연도	2004

줄거리

마르기트는 처음으로 엄마 심부름을 하기 위해 집을 나섭니다. 그런데 주위 사람들은 휠체어를 탄 마르기트를 불쌍하게 쳐다봅니다. 마르기트는 사람들의 이상한 눈빛에 화가 납니다. 하지만 옆에서 격려해 주는 친구 때문에 다른 사람에게 자신 있게 도움을 요구하고 필요 없는 동정심은 거절해야 한다는 것을 알게 됩니다.

치료적 발문 과정

인식 질문

- 동화를 읽고 나니 어떤 느낌이 드나요?
- 마르기트에게 어떤 말을 해 주고 싶나요?

고찰 질문

- 마르기트는 왜 신발 신기가 어려웠나요?
- 마르기트가 혼자서 할 수 있는 일에는 무엇이 있었나요?
- 마르기트와 우리의 다른 점이 무엇인가요?

창의 질문

- 만약 네가 마르키트라면 어떨 것 같나요?
- 휠체어를 타면 어떤 점이 불편할까요?
- 만약 다리 한쪽이 없다면 어떨까요?

- 만약 마르기트와 같은 친구들이 도와 달라고 하면 어떻게 할 건가요?

적용 질문

- 주위에서 휠체어를 타고 다니는 사람을 본 적이 있나요? 어떻게 했나요?
- 만약 내가 휠체어를 탄다면 기분이 어떨까요?
- 마르기트와 같은 친구가 있다면 어떤 도움을 줄 수 있나요?

행복한 창의력
Happy Creativity

만약 다리 한쪽이 없다면 어떨까요?

반쪽이

글 / 그림	이미애 / 이억배		
출판사	보림	출판 연도	1997

줄거리

오랫동안 자식이 없던 아주머니는 세 명의 아들을 낳았는데 막내 아들은 눈, 귀, 팔, 다리가 하나입니다. 반쪽이는 과거 시험을 보러 가는 형을 따라가지만 동생이 창피한 형들은 반쪽이를 바위에 묶어 버립니다. 힘이 센 반쪽이는 묶인 바위를 들고 형들을 쫓아갑니다. 길에서 만난 부잣집 영감의 딸과 혼인하기로 하고 내기 장기를 두지만 영감은 약속을 지키지 않습니다. 반쪽이는 사람들이 잠든 밤에 영감의 집에 가서 딸을 업고 나와 행복하게 살았습니다.

치료적 발문 과정

인식 질문

- 동화를 읽고 나니 어떤 느낌이 드나요?
- 반쪽이에게 어떤 말을 해 주고 싶나요?

고찰 질문

- 자식이 없던 아주머니는 몇 명의 아들을 낳았나요?
- 셋째 아들의 모습은 어땠나요?
- 셋째 아들의 이름은 왜 반쪽이었나요?
- 반쪽이는 영감과 어떠한 내기를 했나요?

창의 질문

- 내가 반쪽이라면 형들에게 어떤 말을 해 주고 싶나요?
- 내가 반쪽이의 형이라면 또는 부모님이라면 어떤 말을 해 주고 싶나요?

적용 질문

- 몸이 반쪽만 있는 반쪽이는 기분이 어땠을까요? 불편하진 않았을까요?
- 불편하다고 생각한다면 어떤 점이 가장 불편할 거라고 생각하나요?
- 형들에게 괴롭힘을 당한 반쪽이의 마음은 어땠을까요?
- 내가 반쪽이라면 어떻게 했을까요?

행복한 창의력
Happy Creativity

내가 만약 반쪽이였다면 어떻게 했을까요?

길 아저씨 손 아저씨

글 / 그림	권정생 / 김용철		
출판사	국민서관	출판 연도	2006

줄거리

다리가 불편해 걷지 못하는 길 아저씨와 앞이 보이지 않는 손 아저씨. 몸이 불편한 두 사람이 각각 홀로 있을 때는 살 길이 막막했지만 어려운 처지에 실망하지 않고, 문을 열고 세상 밖으로 나가 함께 살아갈 길을 찾게 됩니다. 손 아저씨는 길 아저씨를 업고 다니며 다리 노릇을 해 주고, 길 아저씨는 손 아저씨 등에 업혀 길을 안내하며 눈 노릇을 해 줍니다. 서로 부족한 부분을 채워 가며 눈이 되고 발이 되어 함께 지내면서 두 사람은 결국 남의 도움 없이 스스로 살아갈 수 있게 됩니다.

치료적 발문 과정

인식 질문

- 동화를 읽고 나니 어떤 느낌이 드나요?
- 손 아저씨와 길 아저씨에게 어떤 말을 해 주고 싶나요?

고찰 질문

- 손 아저씨는 어디가 불편한가요?
- 길 아저씨는 어디가 불편한가요?
- 길 아저씨와 손 아저씨는 서로에게 어떤 도움을 주었나요?

창의 질문

- 길 아저씨에게 너를 소개한다면 어떻게 소개를 해 주고 싶나요?

- 길 아저씨와 손 아저씨에게 도움이 될 수 있는 물건은 무엇이 있을까요? 내가 만들어 주고 싶은 물건이 있나요?

적용 질문

- 몸이 아프지 않다면 가장 먼저 무엇을 하고 싶나요? 왜 그렇게 생각하나요?
- 몸이 아픈 친구가 있다면 어떤 말을 해 주고 싶나요? 왜 그렇게 생각하나요?
- 몸이 아프지 않은 다른 친구들에게 어떤 말을 해 주고 싶나요?

행복한 창의력
Happy Creativity

몸이 아픈 친구가 있다면 어떤 말을 해 주고 싶나요?

아름다운 아이 세진이

글 · 그림/옮김	박수현 / 김재홍		
출판사	베틀북	출판 연도	2004

줄거리

세진이는 부족한 것이 많은 아이입니다. 두 다리도 없고, 오른손 손가락도 두 개밖에 없습니다. 태어난 지 여섯 달 만에 버려져 친부모가 누군지도 모릅니다. 하지만 세진이는 조금도 불행하지 않습니다. 세진이가 남들보다 부족하게 태어난 것은 더 많은 사랑을 받기 위해서라는 걸 끊임없이 일깨워 주는 가족이 곁에 있기 때문입니다. 넉넉한 풍채만큼이나 넉넉한 사랑으로 세진이를 감싸 주는 아빠, 세진이가 세상과 당당히 맞설 수 있도록 사랑의 매도 아끼지 않는 엄마, 언제나 세진이 편이 되어 주는 은아 누나가 있습니다.

치료적 발문 과정

인식 질문

- 동화를 읽고 나니 어떤 느낌이 드나요?
- 세진에게 어떤 말을 해 주고 싶나요?

고찰 질문

- 세진이의 몸은 어떠한가요?
- 세진이가 할 수 있는 일에는 어떤 것이 있었나요?
- 사람들이 왜 부족한 것이 한 가지씩 있다고 했나요?

창의 질문

- 동화 속 세진이에게 가장 필요한 도움은 무엇일까요?
- 내가 생활하면서 가장 불편한 점은 무엇인가요?
- 내가 생활하면서 가장 좋은 점은 무엇인가요?

적용 질문

- 세진이처럼 몸이 불편한 사람을 본 적이 있나요? 몸이 불편한 사람을 보면 어떤 마음이 드나요? 왜 그렇게 생각하나요?
- 세진이처럼 몸이 불편한 친구가 있다면 어떻게 도와줘야 할까요?

행복한 창의력 Happy Creativity

내가 생활하면서 가장 불편한 점은 무엇이었나요?

헬렌 켈러

글 · 그림	윤형복		
출판사	국민서관	출판 연도	2001

줄거리

헬렌 켈러는 보지도, 듣지도, 말하지도 못하는 소녀입니다. 설리반 선생님은 그런 헬렌 켈러에게 눈이 되어 주기도 하고 귀가 되어 주기도 하며 입이 되어 주었습니다. 집에만 있던 헬렌 켈러를 바깥세상에 데리고 나와 많은 경험을 시켜 주고 노력한 결과, 헬렌 켈러는 장애를 가진 사람들에게 용기를 주는 훌륭한 사람이 되었습니다.

치료적 발문 과정

인식 질문

- 이 책에서 가장 인상에 남는 부분은 어디인가요?
- 헬렌 켈러에게 어떤 이야기를 해 주고 싶나요?

고찰 질문

- 헬렌 켈러는 눈이 보이지 않았지만 어떻게 글을 읽었나요?
- 헬렌 켈러의 선생님 이름은 무엇이었나요?
- 설리반 선생님은 헬렌 켈러를 어떻게 가르쳤나요?

창의 질문

- 내가 설리반 선생님이라면 헬렌 켈러에게 어떤 말을 해줄 수 있을까요?
- 눈이 보이지 않는 사람들은 길을 어떻게 건널까요?
- 세상이 모두 검정색으로 보인다면 어떤 일이 일어날까요?

- 헬렌 켈러가 설리반 선생님을 만나지 못했다면 어떻게 되었을까요?
- 헬렌 켈러가 아프지 않았다면 무슨 일을 하면서 살았을까요?

적용 질문

- 우리 신체의 건강에 대해 감사할 부분은 어디인가요? 왜 그렇게 생각하나요?
- 만약 내 눈이 보이지 않는다면 기분이 어떨까요?
- 시각 장애인을 위해 어떤 것을 도와줄 수 있을까요?

행복한 창의력
Happy Creativity

만약 눈이 보이지 않는다면 어떨까요?

생김새가 달라요!

외모

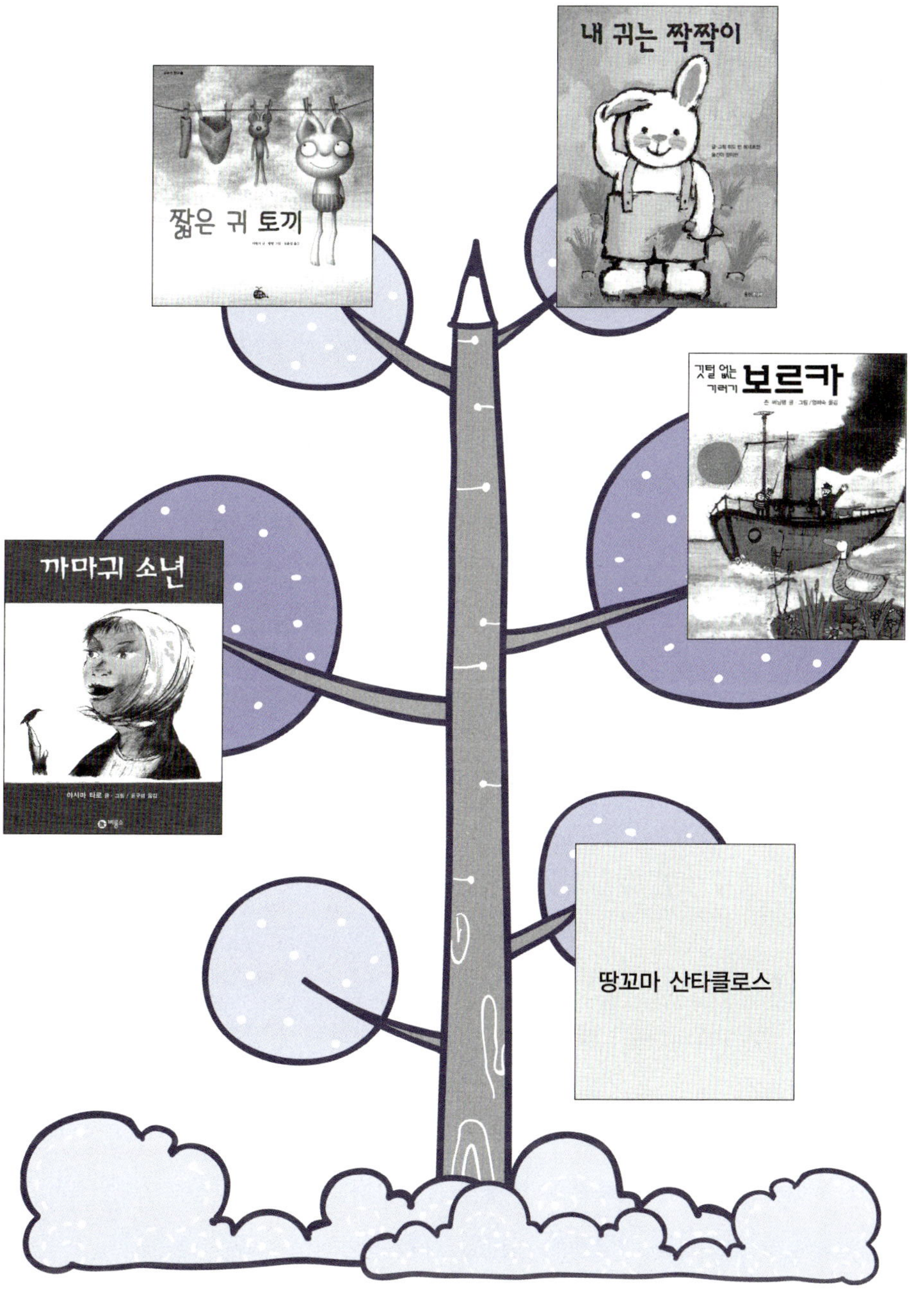

짧은 귀 토끼

글 / 그림 / 옮김	다원시 / 탕탕 / 심윤섭		
출판사	고래이야기	출판 연도	2006

줄거리

꼬마 토끼 동동이는 남들과 다릅니다. 다른 토끼들은 귀가 길었지만, 동동이의 귀는 짧고, 둥글고, 토실토실해서 마치 버섯 같았습니다. 동동이는 자기 귀를 길쭉하게 만들려고 여러 가지 방법을 생각합니다. 마지막엔 길쭉한 빵을 구워 귀에 붙이고, 자랑스럽게 밖으로 나가 친구들에게 보이지만 쏜살처럼 독수리가 공격해 와서 동동이의 탐스러운 귀를 낚아채 버립니다. 하지만 동동이의 귀 모양 빵을 먹은 독수리는 빵 맛에 감탄하게 됩니다. 그 소문은 온 동네에 퍼지고, 동동이는 기회를 살려 빵집을 열어 성공하게 된다는 내용입니다.

치료적 발문 과정

인식 질문

- 동화를 읽고 가장 기억에 남는 장면은 어디인가요?
- 동동이에게 어떤 말을 해 주고 싶나요?

고찰 질문

- 동화 속 토끼의 귀가 빵이 아니었다면 독수리에게 잡혀 갔을 때 어떻게 됐을까요?
- 동동이의 귀는 친구들과 어떻게 달랐나요?
- 동동이는 밀가루 반죽으로 무엇을 만들었나요?
- 동동이는 단점을 어떻게 극복하였을까요?

창의 질문

- 빵이 아닌 다른 것으로 귀를 만들 수 있었다면 어떻게 만들 수 있을까요?
- 동동이가 계속 짧은 귀를 길게 만들려고 노력했다면 어떻게 되었을까요?
- 귀가 긴 토끼들은 자신의 외모에 대해 불편한 점이 없을까요? 있다면 어떤 점일까요?

적용 질문

- 내가 만약에 토끼인데 다른 친구들과는 달리 내 귀가 짧다면 기분이 어떨까요? 왜 그렇게 생각하나요?
- 만약 동동이처럼 내 외모 때문에 불편하거나 속상한 적이 있나요? 어떤 것이었나요?

행복한 창의력
Happy Creativity

빵이 아닌 다른 것으로 귀를 만들 수 있다면 어떻게 귀를 만들까요?

내 귀는 짝짝이

글 / 그림 / 옮김	히도 반 헤네흐텐 / 기도 반 게네흐텐 / 장미란		
출판사	웅진주니어	출판 연도	2009

줄거리

리키는 한쪽 귀가 아래로 축 늘어져 있는 토끼입니다. 그래서 두 귀가 위쪽으로 쭉 뻗어 있는 다른 토끼들에게 놀림을 당합니다. 쭉 뻗은 귀가 갖고 싶은 리키는 나무에 거꾸로 매달려 보기도 하고 당근을 귓속에 넣어 보기도 합니다. 궁리 끝에 의사를 찾아간 리키에게 의사는 리키의 귀가 정상이며 모든 귀는 다 다르다고 말해 주자 자신감을 얻고 친구들과 친해진다는 내용입니다.

치료적 발문 과정

인식 질문

- 동화를 들으니 어떤 느낌이 드나요?
- 리키에게 어떤 말을 해 주고 싶나요?

고찰 질문

- 리키는 왜 친구들에게 놀림과 따돌림을 당했나요?
- 리키의 귀는 어떻게 생겼나요?
- 의사 선생님은 리키에게 무슨 말을 해 주었나요?

창의 질문

- 내가 만약 리키라면 다른 친구들처럼 한쪽 귀를 다른 쪽 귀와 똑같이 만들기 위해 리키가 했던 행동들 말고 또 어떠한 방법을 생각할 수 있었을까요?

- 리키의 귀 한쪽이 없다면 어떻게 되었을까요?

적용 질문

- 친구를 놀렸던 적이 있나요? 또는 친구에게 놀림을 받았던 적이 있나요?
- 만약 내가 리키였다면 기분이 어땠을 것 같나요?
- 내가 만약에 리키의 친구라면 어떠한 말을 해 주고 싶나요? 어떻게 도와주고 싶나요?
- 내가 리키라면 친구들에게 어떠한 말을 해 주고 싶나요?

행복한 창의력
Happy Creativity

리키에게 어떤 말을 해 주고 싶나요?

까마귀 소년

글 · 그림 / 옮김	야시마 타로 / 윤구병		
출판사	비룡소	출판 연도	1996

줄거리

아이들과 어울리지 못하고 늘 숨어 지내는 작은 소년을 아이들은 '땅꼬마'라고 부르며 놀려댑니다. 그런데 새로 부임한 이소베 선생님은 이 작은 소년의 특별한 재능을 발견하고, 많은 대화를 나누며 소년을 인정해 줍니다. 나무, 꽃 등 자연에 대해서 많은 것을 알고 있는 소년에게 학예회 때 '까마귀 소리 흉내 내기'를 발표하게 합니다. 선생님은 소년이 6년간 하루도 빠짐없이 산길을 걸어 다니며 까마귀 소리를 터득할 수 있었음을 이야기해 줍니다. 그러자 학급 아이들은 6년 동안 땅꼬마라고 부르며 놀려댄 일을 반성하면서 더 이상 땅꼬마라고 놀리지 않고 까마귀 소년이라고 부른다는 내용입니다.

치료적 발문

인식 질문

- 동화를 읽고 나니 어떤 느낌이 드나요?
- 까마귀 소년에게 어떤 말을 해 주고 싶나요?

고찰 질문

- 왜 소년은 까마귀 소년이라고 불렀나요?
- 땅꼬마는 왜 친구들에게 따돌림을 당했나요?
- 이소베 선생님은 까마귀 소년의 어떤 재능을 발견했나요?
- 처음에 놀렸던 친구들이 학예회 이후에는 왜 놀리지 않았나요?

창의 질문

- 이소베 선생님이 까마귀 소년의 재능을 알아보지 못했다면 어떤 일이 벌어졌을까요?
- 왜 까마귀 소년은 숨어 지내려고 했을까요?

적용 질문

- '까마귀 소년' 처럼 놀림을 받은 적이 있나요? 그때 기분이 어땠나요?
- 이야기에 나오는 아이들처럼 친구의 겉모습만 보고 나쁘게 판단한 적이 있나요?
- 주위 사람들이 나를 처음 보았을 때 첫인상이 어떻다고 할 것 같나요?

행복한 창의력
Happy Creativity

주위 사람들이 나를 처음 보았을 때 첫인상이 어떻다고 할 것 같나요?

깃털 없는 기러기 보르카

글 · 그림 / 옮김	존 버닝햄 / 엄혜숙		
출판사	비룡소	출판 연도	2001

줄거리

깃털이 하나도 없는 기러기 보르카는 다른 형제들과 다릅니다. 엄마는 보르카를 위해서 흰색 털옷을 짜서 입히지만 친구들에게 놀림만 당합니다. 겨울이 되어 다른 기러기들은 다 날아가지만 깃털 없는 보르카는 날지 못한 채 크롭미 호라는 배에 타게 됩니다. 크롭미 호의 선장은 보르카를 큐가든의 여러 새들과 지내라고 하였고 보르카는 자기를 보고 비웃지 않는 새들과 행복하게 살아간다는 내용입니다.

치료적 발문 과정

인식 질문

- 동화를 읽고 나니 어떤 느낌이 드나요?
- 보르카에게 어떤 말을 해 주고 싶나요?

고찰 질문

- 보르카는 다른 기러기 형제들과 어떤 점이 달랐나요?
- 크롭미 호 선장은 보르카를 어디에 데려다 주었나요?
- 크롭미 호 선장은 보르카를 큐가든에 왜 데려다 주었나요?
- 큐가든에서 보르카는 어떻게 지냈나요?

창의 질문

- 만약 보르카가 크롭미 호라는 배에 타지 않았다면 어떤 일이 벌어졌을까요?

- 큐가든의 새들이 보르카의 모습을 놀렸다면 어떻게 되었을까요?

적용 질문

- 보르카처럼 나도 형제들과 생김새가 다른가요? 어떻게 다른가요?
- 겉모습이 다른 친구를 보면 어떻게 행동하나요?

행복한 창의력
Happy Creativity

나와 형제들의 겉모습 중 비슷한 점이나 다른 점에는 어떤 것이 있나요?

■ 비슷한 점	■ 다른 점

땅꼬마 산타클로스

글 / 그림 / 옮김	아누 슈토너 / 헨리케 빌존 / 이현정		
출판사	달리	출판 연도	2002

줄거리

키는 작지만 어떤 선물이든지 잘 만드는 땅꼬마 산타는 아이들을 만나러 갈 생각에 한껏 부풀어 있습니다. 하지만 짓궂은 산타클로스들이 땅꼬마 산타를 작아서 함께 갈 수 없다며 놀립니다. 키가 작다는 이유로 아이들에게 선물을 주러 가지 못하게 되자 땅꼬마 산타는 슬펐습니다. 하지만 숲 속에 한 번도 선물을 받아 보지 못했다는 동물들에게 선물을 주면서 키가 작아도 산타클로스의 역할을 할 수 있다는 자신감을 얻어 간다는 내용입니다.

치료적 발문 과정

인식 질문

- 동화를 읽고 가장 인상에 남는 부분은 어디인가요?
- 산타클로스에게 어떤 말을 해 주고 싶나요?

고찰 질문

- 땅꼬마 산타가 다른 산타와 다른 점은 무엇인가요?
- 땅꼬마 산타가 잘하는 것이 무엇이었니요?
- 땅꼬마 산타는 아이들을 위해 어떤 선물을 준비했나요?

창의 질문

- 땅꼬마 산타처럼 다른 친구들과 다른 점이 있나요? 어떤 점인가요?

- 키가 작아서 불편한 점과 좋은 점은 무얼까요?
- 땅꼬마 산타가 키다리처럼 키가 컸다면 어땠을까요?

적용 질문

- 내가 만약 땅꼬마 산타였다면 어떻게 했을까요?
- 땅꼬마 산타처럼 키 작은 친구를 만나면 어떻게 할 건가요?
- 대장 산타클로스에게 어떤 말을 해 주고 싶나요?

행복한 창의력
Happy Creativity

키가 작아서 불편한 점과 좋은 점을 말해 보세요!

■ 불편한 점	■ 좋은 점

성 지식 몸은 신비로워요!

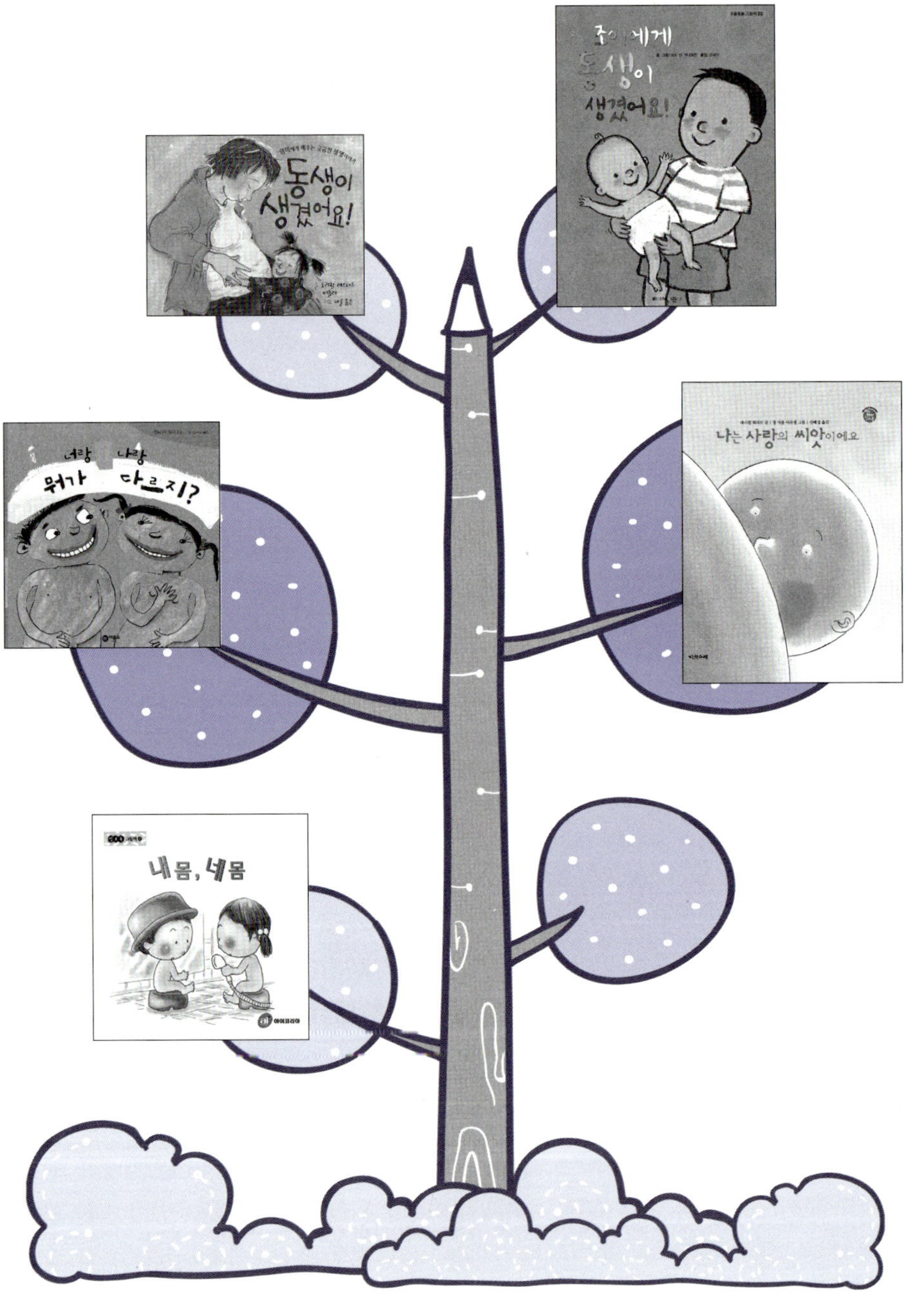

동생이 생겼어요!

글 / 그림 / 옮김	도리 힐레스타드 버틀러 / 개롤 톰슨 / 박형준		
출판사	거인	출판 연도	2008

줄거리

엘리자베스의 엄마는 아이를 가졌습니다. 엘리자베스는 엄마 뱃속에서 자라고 있는 동생이 무척 궁금합니다. 엄마 뱃속에 있는 아기집이란 특별한 집에 둥둥 떠 있는 동생은 어떻게 생겨난 것인지, 그리고 아기는 엄마 뱃속에서 어떻게 자라는지, 뱃속에 있는 아기는 음식을 어떻게 먹는지, 모든 것이 궁금합니다. 곧 동생이 생길 아이의 궁금증을 통해 생명의 소중함을 다루고 있습니다.

치료적 발문 과정

인식 질문

- 동화를 읽고 나서 생각나는 것이 무엇인가요?
- 동화를 읽고 가장 기억에 남는 장면은 어디인가요?

고찰 질문

- 아기는 엄마 뱃속의 어디에 살고 있다고 했나요?
- 엄마 뱃속의 아기에게 음식은 무엇을 통해 전달된다고 했나요?

창의 질문

- 내게 동생이 생긴다면 어떤 느낌이 들 것 같나요?
- 임신한 엄마를 도와드릴 수 있는 방법에는 무엇이 있을까요?

적용 질문

- 엄마(주위 사람)가 임신한 모습을 본 적이 있나요? 어떤 느낌이 들었나요?
- 엄마에게 무슨 말을 물어보고 싶었나요?
- 처음 엄마 뱃속에서 나온 동생을 만났을 때 어떤 느낌이 들 것 같나요?

행복한 창의력
Happy Creativity

엄마 뱃속에 아기가 있다면 어떤 말을 해 주고 싶나요?

조이에게 동생이 생겼어요!

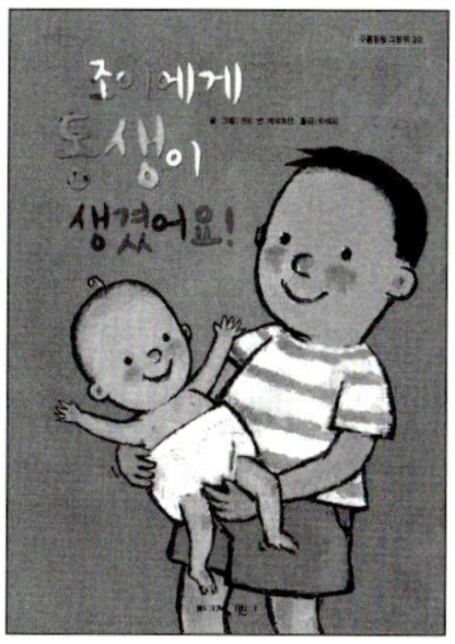

글 · 그림 / 옮김	귀도 반 게네흐텐 / 유혜자		
출판사	삐아제어린이	출판 연도	2008

줄거리

엄마는 조이에게 예쁜 아기 동물들 이야기를 들려줍니다. 조이는 엄마에게 곱슬곱슬 털이 난 아기 양, 갓 태어나서 바로 일어설 줄 아는 송아지, 삐악삐악 예쁜 병아리의 이야기를 들으면서 태어날 예쁜 동생을 마음속으로 그려 봅니다. 그러고는 어엿한 오빠가 되어 '아주 작은 동생'을 정성껏 돌보아 준다는 내용입니다.

치료적 발문 과정

인식 질문

- 동화를 읽고 가장 인상에 남는 부분은 어디인가요?
- 조이에게 어떤 말을 해 주고 싶나요?

고찰 질문

- 조이 엄마의 배가 어떻게 생겼었지요?
- 어떤 동물들이 나왔었지요?
- 동물들의 뱃속에서 무엇이 나왔지요?
- 조이는 동생이 태어나자 어떻게 했지요?

창의 질문

- 만약 동생이 태어난다면 조이처럼 안아 주는 것 말고 또 해 주고 싶은 것이 있나요?

- 조이의 동생이 태어났을 때 조이와 어떤 점이 달랐을까요?

적용 질문

- 만약 내가 조이라면 동생에게 어떻게 해줄 것 같나요?
- 동생이 생긴다면 어떨 것 같나요?

행복한 창의력
Happy Creativity

아기는 태어나면 어떤 모습일까요?

너랑 나랑 뭐가 다르지?

글 · 그림 / 옮김	빅토리아 파시니 / 김소희		
출판사	비룡소	출판 연도	2002

줄거리

남자와 여자는 다릅니다. 남자 아이가 자라면 얼굴이랑 몸에 털이 나고, 몸이 단단해지며, 아빠처럼 목소리도 굵어집니다. 여자 아이가 자라면, 젖가슴이 봉곳이 솟아 올라오고, 엉덩이 뼈가 넓어집니다. 남녀 성기의 생김새, 자라면서 변화하는 모습, 남녀가 사랑을 하는 순간의 느낌과 사랑의 표현 과정을 통해서 생명이 탄생한다는 것을 알려줍니다.

치료적 발문 과정

인식 질문

- 동화를 들으니 어떤 느낌이 드나요?
- 동화를 듣고 가장 인상에 남는 부분은 어디인가요?

고찰 질문

- 여자와 남자는 신체적으로 어떻게 다른가요?
- 여자와 남자는 정신적으로 어떻게 다른가요?

창의 질문

- 남자와 여자는 어떤 다른 점이 있나요?
- 왜 우리 몸은 소중할까요?

적용 질문

- 남자와 여자의 모습에서 궁금한 점이 있었나요? 어떤 점이 궁금했나요?
- 우리 몸을 어떻게 다루어야 할까요?

행복한 창의력
Happy Creativity

남자와 여자의 모습에서 어떤 점들이 궁금한가요?

나는 사랑의 씨앗이에요

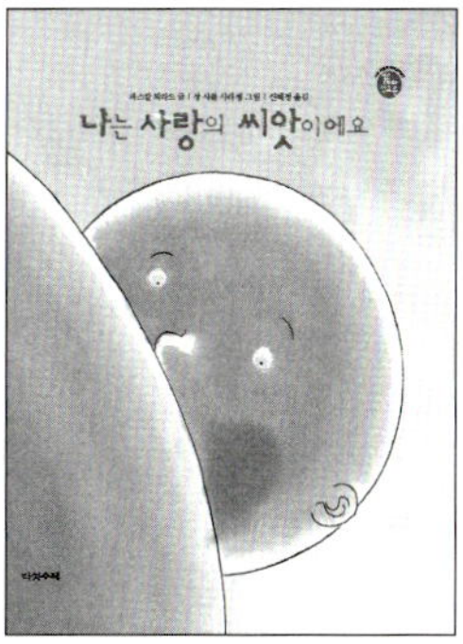

글 / 그림 / 옮김	파스칼 퇴라드 / 장 샤를 사라쟁 / 신혜정		
출판사	다섯수레	출판 연도	2002

줄거리

아빠 몸 안의 포근한 주머니에 있는 작은 씨앗들을 꼬마 정자라고 부릅니다. 어느 따뜻한 봄날, 꼬마 정자가 엄마의 씨앗인 예쁜 동글이를 만납니다. 둘은 곧 친구가 되어 따뜻하고 아늑한 곳을 찾아 집을 짓습니다. 얼마 있어 엄마의 부드러운 목소리를 들으며 수정란은 무럭무럭 자라고 팔다리, 귀, 코, 발가락, 엄지손가락이 생깁니다. 이런 과정을 통해 생긴 나는 엄마 아빠의 소중한 사랑의 아기입니다. 어느 날 너무 커서 집이 좁게 느껴진 사랑의 아기는 좁은 동굴을 지나 엄마 아빠를 만나러 갑니다. 겁이 나고 힘이 들었지만 엄마 아빠는 나를 보며 따뜻하게 사랑으로 안아 줍니다.

치료적 발문 과정

인식 질문

- 동화를 읽고 나니 어떤 느낌이 드나요?
- 어떤 장면이 가장 기억에 남나요?

고찰 질문

- 아빠 몸 안의 작은 씨앗을 무엇이라고 불렀나요?
- 아빠와 엄마의 몸에서 수정은 어떻게 되었나요?
- 수정란은 엄마 뱃속에서 어떻게 자랐나요?

창의 질문

- 엄마는 뱃속에 있는 아기가 어떤 모습이라고 생각할까요?
- 엄마와 아빠는 뱃속의 아기와 어떤 이야기를 할까요?

적용 질문

- 엄마의 뱃속에 있으면 어떤 느낌이 들까요?
- 내가 엄마 뱃속에 있다면 엄마와 무슨 이야기를 하고 싶나요?
- 엄마 뱃속에서 나오면 무엇을 제일 먼저 하고 싶나요?

행복한 창의력
Happy Creativity

내가 엄마 뱃속에 있다면 엄마와 무슨 이야기를 하고 싶나요?

내 몸, 네 몸

글 · 그림	아이코리아 편집부		
출판사	아이코리아	출판 연도	2008

줄거리

신체에 대해 한 아이가 질문하고 다른 아이가 대답을 해 가는 과정을 통해 신체 기관의 명칭과 기능을 알고 소중함을 느낄 수 있습니다. 특히 성기는 신체 기관의 일부로서 눈, 코, 입 등 다른 기관처럼 중요한 기능을 하며 소중한 곳이라는 개념을 알려줍니다.

치료적 발문 과정

인식 질문

- 동화를 읽고 나니 어떤 느낌이 드나요?
- 어떤 장면이 가장 기억에 남나요?

고찰 질문

- 남자와 여자의 신체 차이에는 어떤 점이 있을까요?
- 성기는 어떠한 기능을 할까요?
- 우리의 신체는 왜 중요할까요?

창의 질문

- 내가 만약 남자(여자)라면 무엇을 하고 싶나요?

적용 질문

- 내 신체의 소중함을 느끼고 있나요? 왜 소중하다고 느끼나요?
- 만약 신체 중 한 부분이 불편하다면 어떤 기분이 들까요?

행복한 창의력
Happy Creativity

내가 만약 남자(여자)라면 무엇을 하고 싶나요?

내 몸은 소중해요!

성폭력

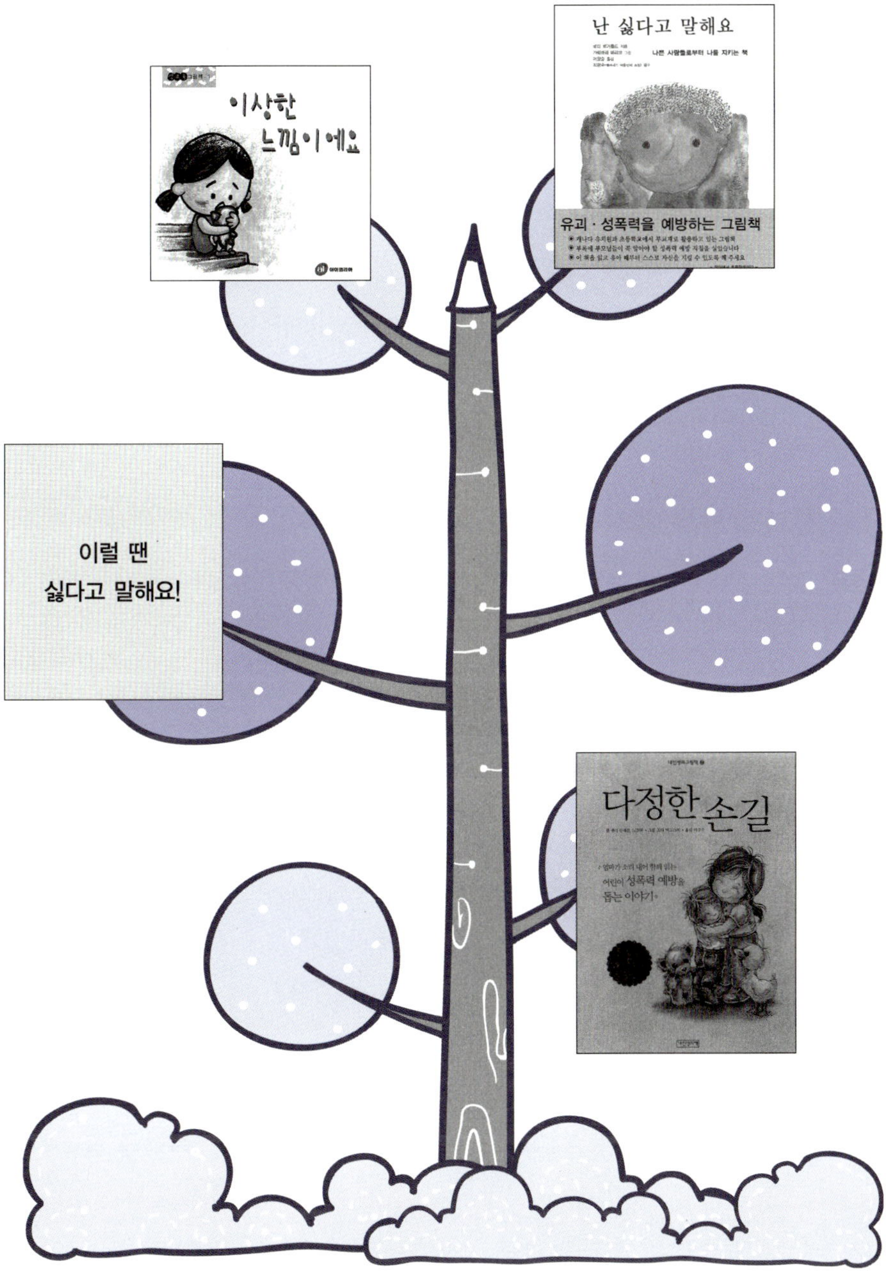
이상한 느낌이에요
난 싫다고 말해요
나쁜 사람들로부터 나를 지키는 책
유괴 · 성폭력을 예방하는 그림책
이럴 땐 싫다고 말해요!
다정한 손길
어린이 성폭력 예방을 돕는 이야기

이상한 느낌이에요

글 · 그림	아이코리아 편집부		
출판사	아이코리아	출판 연도	2008

줄거리

혁이 오빠와 수진이는 엄마와 외출한 동안 재미있게 놉니다. 그러다가 혁이 오빠의 이상한 행동에 수진이는 기분이 나빠집니다. 외출에서 돌아온 엄마에게 이야기하자 엄마는 다른 사람이 몸을 만지는 등의 기분 나쁜 상황에서 어떠한 행동을 취해야 하는지 가르쳐 준다는 내용입니다.

치료적 발문 과정

인식 질문

- 동화를 읽은 후 어떤 부분이 가장 기억에 남나요?
- 수진이에게 어떤 말을 해 주고 싶나요?

고찰 질문

- 수진이가 왜 불쾌한 기분을 느꼈나요?
- 수진이가 불쾌한 기분을 느끼고 어떻게 했나요?
- 수진이 엄마가 수진이에게 어떤 말을 해 주었나요?

창의 질문

- 만약 수진이가 불쾌한 기분을 엄마에게 말하지 않았다면 어떻게 되었을까요?
- 몸을 만지는 것 말고 기분 나쁜 상황에는 어떤 것들이 있을까요?

적용 질문

- 내가 만약 수진이였다면 혁이 오빠에게 어떻게 했을까요?
- 내가 만약 엄마였다면 수진이에게 어떤 말을 해 주었을까요?

행복한 창의력
Happy Creativity

내가 만약 수진이였다면 혁이 오빠에게 어떻게 했을까요?

난 싫다고 말해요

글 / 그림 / 옮김	배티 뵈거홀드 / 가와하라 마리코 / 이향순		
출판사	북뱅크	출판 연도	2006

줄거리

아이들에게 일어날 수 있는 범죄 상황은 다양합니다. 만약 백화점, 공원, 아파트, 여행지, 친척 아저씨 집에서 혼자 있을 때 낯선 사람이 말을 걸어오거나 다른 곳으로 데리고 가려고 한다면 크고 분명한 목소리로 엄마가 근처에 있다고 소리쳐 부르거나 싫다고 말하는 등 아이들 스스로 자신을 지킬 수 있는 방법을 알려줍니다.

치료적 발문 과정

인식 질문

- 동화를 읽고 나니 어떤 느낌이 드나요?
- 가장 기억에 남는 장면은 어디인가요?

고찰 질문

- 공원에서 낯선 사람이 말을 걸어오면 어떻게 해야 하나요?
- 백화점에서 엄마를 놓쳤다면, 어떻게 해야 하나요?
- 모르는 아저씨가 나를 억지로 데려가려고 한다면 어떻게 해야 하나요?

창의 질문

- 백화점에서 혼자 있는 나에게 낯선 사람이 다가오면 할 수 있는 또 다른 방법에는 뭐가 있을까요?
- 공원에서 혼자 있는 나에게 낯선 사람이 다가오면 할 수 있는 또 다른 방

법에는 뭐가 있을까요?

적용 질문

- 모르는 아저씨가 말을 걸어오거나 다른 곳으로 데리고 가려고 한 적이 있나요? 어떤 기분이 들었나요?
- 모르는 아저씨가 말을 걸어오거나 다른 곳으로 데리고 갈 때 어떻게 했나요?

행복한 창의력 Happy Creativity

모르는 아저씨가 말을 걸어오거나
다른 데로 데리고 가려고 할 때 어떻게 해야 하나요?

다정한 손길

글 / 그림 / 옮김	샌디 클레븐 / 조디 버그스마 / 이승숙		
출판사	내인생의책	출판 연도	2006

줄거리

성폭력이 일어나기 전에 알아 두어야 하는 것은 무엇인지와 성폭력에 노출되었을 때에는 빨리 어른들에게 알리는 것이 중요하다는 것을 말해 줍니다. 그리고 부모와 교사들에게도 아이가 성폭력 사실을 알렸을 때 어떻게 대처해야 하는지를 알려주고 있습니다. 아이들에게 좋은 접촉과 나쁜 접촉을 구별하게 하면서 잘못된 접촉에 대처하는 방법, 그러한 일이 아이 자신의 잘못이 아니라는 점에 대해서도 알리고 있습니다.

치료적 발문 과정

인식 질문

- 동화를 읽고 나니 어떤 느낌이 드나요?
- 어떤 장면이 가장 기억에 남나요?

고찰 질문

- 이상한 사람을 만났을 때 어떻게 해야 하나요?
- 성폭력을 당한 후에 어떻게 해야 하나요?
- 성폭력을 밀한 아이에게 부모나 교사는 어떻게 대응해야 하나요?

창의 질문

- 만약 성폭력 사실을 부모님이나 선생님에게 말하지 않으면 어떻게 될까요?

- 아이들에게 나쁜 행동을 하는 사람들을 어떻게 해 주어야 할까요?

적용 질문

- 주위 사람들이 내게 기분 나쁜 행동을 한 적이 있나요? 어떤 행동을 했나요? 그때 기분이 어땠나요?
- 나쁜 상황이 일어났을 때 어떻게 했나요?

행복한 창의력
Happy Creativity

아이들에게 나쁜 행동을 하는 사람들을 어떻게 해 주어야 할까요?

이럴 땐 싫다고 말해요!

글 / 그림 / 옮김	마리 프랑스 보트 / 파스칼 르메트르 / 홍은주		
출판사	문학동네	출판 연도	2010

줄거리

선인장 소녀 미미와 고슴도치 친구 가스통이 학원에서, 공원에서, 학교에서 돌아오는 길에 만날 수 있는 성범죄 위험 상황에서 슬기롭게 대처하는 것을 보여줍니다. 이 이야기를 통해 성범죄 위험 상황에서 어떻게 행동해야 하는지, 또한 잘 아는 어른이 나를 힘들게 할 때 어떻게 해야 하는지, 친구가 위험에 빠졌을 때는 어떤 행동을 취해야 하는지, 또 지켜서는 안 될 비밀이 무엇인지 말해 줍니다.

치료적 발문 과정

인식 질문

- 동화를 읽고 나니 어떤 느낌이 드나요?
- 어떤 장면이 가장 기억에 남나요?

고찰 질문

- 공원에서 낯선 사람이 말을 걸어오면 어떻게 해야 하나요?
- 학원에서 돌아오는 길에 낯선 사람이 말을 걸어오면 어떻게 해야 하나요?
- 잘 아는 어른이 어디로 같이 가자고 한다면 어떻게 해야 하나요?

창의 질문

- 성범죄 위험 상황에서 공원에서 할 수 있는 또 다른 방법에는 어떤 것이 있을까요?

- 성범죄 위험 상황에서 학교에서 할 수 있는 또 다른 방법에는 어떤 것이 있을까요?
- 잘 아는 사람이 힘들게 할 때 할 수 있는 또 다른 방법에는 어떤 것이 있을까요?

적용 질문

- 잘 아는 어른이 이상한 행동을 한 적이 있나요? 어떤 기분이 들었나요?
- 잘 아는 어른이 다른 곳으로 데리고 가려고 한다면 어떻게 해야 할까요?

행복한 창의력
Happy Creativity

잘 아는 사람이 이상한 행동을 할 때 어떻게 해야 할까요?

5장 가족

:: 부모 ::

- 돼지책
- 엄마를 내다 버릴 테야
- 언제까지나 너를 사랑해
- 엄마 가슴속엔 언제나 네가 있단다
- 아빠, 일어나세요!
- 주전자 엄마와 이불 아빠

:: 형제 자매 ::

- 동생이 없어졌으면 좋겠어
- 피터의 의자
- 엄마를 빌려 줄게
- 내 동생 싸게 팔아요
- 내가 언제 동생 낳아 달랬어
- 동생이 '뚝' 태어났어
- 동생이라고? 난 싫어!

가족

:: 결손 가정 ::

- 우리 엄빠
- 내게 만약 엄마 아빠가 있다면
- 아빠나무
- 엄마와 딸
- 우리 엄마 데려다 줘

:: 입양 가정 ::

- 그렇게 네가 왔고 우리는 가족이 되었단다
- 가슴으로 낳았대요
- 너는 특별해

:: 장애 가정 ::

- 내게는 소리를 듣지 못하는 여동생이 있습니다
- 그래도 우리 누나야!
- 우리 누나는 다운증후군
- 엄마 내가 자전거를 탔어요!
- 이안의 산책

부모 엄마 아빠, 나를 사랑해 주세요!

돼지책

글 · 그림 / 옮김	앤서니 브라운 / 허은미		
출판사	웅진주니어	출판 연도	2001

줄거리

엄마와 아빠 아들 둘이 사는 가부장적 가정이 있습니다. 항상 엄마는 밥을 하고 빨래를 하고 청소를 하고 출근을 합니다. 하지만 아빠와 아들들은 텔레비전을 보다가 밥을 먹고, 밥을 먹고 학교 가고, 옷 벗어 놓고 밖에서 하는 일 이외에는 하는 일이 없다. 어느 날 엄마가 집을 나갑니다. 집안일을 해 본 적이 없는 남은 가족들은 당황해합니다. 결국 집은 돼지우리가 되어 버리고 엄마가 돌아오자 모든 가족이 엄마의 소중함을 알고 집안일을 돕는다는 내용입니다.

치료적 발문 과정

인식 질문

- 동화를 들으니 어떤 느낌이 드나요?
- 아들에게 어떤 말을 해 주고 싶나요?

고찰 질문

- 엄마는 왜 집을 나갔을까요?
- 아빠와 아들들은 책에서 무엇을 하나요?
- 아빠와 아이들이 엄마에게 가장 많이 하는 말이 무엇이었나요?

창의 질문

- 엄마가 집에 없으면 어떤 일이 벌어질까요?

- 엄마를 위해 어떤 일을 도울 수 있을까요?

적용 질문

- 엄마가 집을 비운 적이 있었나요? 어떤 기분이 들었나요?
- 내가 돼지책의 엄마였다면 어떤 기분이었을까요?
- 내가 아들이라면 엄마에게 어떻게 해 주었을까요?

행복한 창의력
Happy Creativity

엄마가 집에 없다면 어떤 일이 벌어질까요?

엄마를 내다 버릴 테야

글 · 그림 / 옮김	마사 알렉산더 / 서남희		
출판사	보림	출판 연도	2007

줄거리

배가 남산만 한 엄마는 올리버가 아기였을 때 쓰던 물건들을 모두 꺼냅니다. 아직 태어나지도 않은 아기에게 주기 위해 먼지도 털고 새로 페인트칠도 합니다. 올리버는 아기밖에 모르는 엄마에게 화가 단단히 났습니다. 올리버가 쓰던 아기 침대는 벌써 동물 인형들이 사는 우리가 되었고, 아기 의자는 우주 로켓 발사대로 쓸 계획인데, 아직 태어나지도 않은 아기에게 주는 건 싫습니다.

치료적 발문 과정

인식 질문

- 동화를 들으니 어떤 느낌이 드나요?
- 올리버에게 어떤 말을 해 주고 싶나요?

고찰 질문

- 올리버는 왜 화가 났을까요?
- 화가 난 올리버는 엄마에게 어떻게 했나요?

창의 질문

- 만약 우리 엄마가 올리버 엄마처럼 한다면 기분이 어떨 것 같나요?
- 올리버는 자신의 물건을 왜 아기에게 주기 싫어했을까요?

적용 질문

- 올리버처럼 엄마가 미웠던 적이 있었나요? 왜 미웠나요?
- 엄마가 어떻게 해 주면 엄마가 좋을 것 같나요?

행복한 창의력
Happy Creativity

올리버처럼 엄마가 미웠던 적은 언제였나요?

언제까지나 너를 사랑해

글 / 그림 / 옮김	로버트 먼치 / 안토니 루이스 / 김 숙		
출판사	북뱅크	출판 연도	2000

줄거리

두 살짜리 꼬마가 잠들고 나면 어머니는 살며시 아기 방의 문을 열고 들어가 아기가 잠든 침대 머리맡으로 다가갑니다. 그리고 어머니는 노래를 부릅니다. 이제 십대 소년이 된 아이는 이상한 친구들과 사귀고, 이상한 옷을 입고, 이상한 음악을 듣습니다. 하지만 밤이 되어 소년이 잠들고 나면 어머니는 그 다 커버린 아이의 등을 부드럽게 토닥거리면서 노래를 불러 줍니다. 어머니는 너무 나이가 많이 들어 이제 더는 노래를 부를 수가 없습니다. 이제 아들이 어머니 방에 들어가서 어머니를 두 팔로 감싸 안고 노래를 부릅니다.

치료적 발문 과정

인식 질문

- 동화를 읽고 나니 어떤 느낌이 드나요?
- 가장 기억에 남는 장면은 어디인가요?

고찰 질문

- 어머니는 아이에게 어떤 자장가를 불러 주었나요?
- 어머니는 왜 더 이상 아이에게 노래를 불러 주지 못했나요?
- 나이 든 어머니에게 아들은 어떻게 해 주었나요?

창의 질문

- 내가 만약 엄마라면 아이에게 어떤 노래를 불러 주고 싶나요?
- 엄마가 아기 때부터 자장가를 불러 주지 않았다면 아들이 엄마에게 노래를 불러 주었을까요?

적용 질문

- 엄마가 너에게 자장가를 불러 준 적이 있나요? 어떤 기분이 들었나요?
- 엄마에게 어떤 말을 듣고 싶나요?

행복한 창의력
Happy Creativity

내가 만약 엄마라면 아이에게 어떤 노래를 불러 주고 싶나요?

엄마 가슴 속엔 언제나 네가 있단다

글 · 그림 / 옮김	몰리 뱅 / 최순희		
출판사	열린어린이	출판 연도	2007

줄거리

아이는 아침 7시부터 저녁 7시까지, 꼬박 12시간을 어린이집에 있습니다. 하지만 엄마는 아침에 옷을 입고 아이에게 뽀뽀하고 집을 나설 때부터, 버스를 기다리고 신문을 읽고, 손님을 맞이하고, 또 대화하거나 뭔가를 쓰고 있을 때에도 엄마 가슴속엔 항상 아이가 있습니다. 아이가 친구들이랑 간식을 먹고 장난을 치고 블록을 쌓거나 똥을 눌 때에도 엄마 가슴속엔 항상 아이 생각으로 가득 차 있습니다. 엄마가 너무 바빠 정말 아이 생각을 하지 못할 때에도 아이는 항상 엄마 가슴속에 있다는 것을 말해 줍니다.

치료적 발문 과정

인식 질문

- 동화를 읽고 나니 어떤 느낌이 드나요?
- 가장 기억에 남는 장면은 어디인가요?

고찰 질문

- 엄마와 떨어진 아이의 기분은 어떨까요?
- 아이와 떨어지는 엄마의 기분은 어떨까요?
- 엄마는 언제 아이가 보고 싶을까요?

창의 질문

- 내가 만약 엄마라면 떨어지지 않으려는 아이에게 어떻게 해줄 수 있을까요?

- 엄마가 아이를 사랑한다는 것을 어떻게 표현하면 좋을까요?

적용 질문

- 엄마와 떨어진 적 있나요? 그때 기분이 어땠나요?
- 엄마에게 어떤 말을 해 주고 싶었나요?
- 엄마에게 어떤 말을 듣고 싶었나요?

행복한 창의력
Happy Creativity

엄마가 아이를 사랑한다는 것을 어떻게 표현하면 좋을까요?

아빠, 일어나세요!

글 · 그림 / 옮김	에르하르트 디틀 / 이진영		
출판사	문학동네	출판 연도	2001

줄거리

일요일 아침. 파울리네는 아빠랑 놀고 싶어 일찍 눈을 떴지만 아빠는 이불 속에서 일어나지 않습니다. 파울리네는 아빠를 깨우기 위해 아빠의 귀에 나팔을 불기도 하고, 아빠 머리 위에 꿀벌 인형을 올려놓기도 합니다. 그리고 침대 위에서 인디언 소녀처럼 춤을 추기도 하지만 아빠는 일어나지 않습니다. 급기야 파울리네는 아빠를 침대에서 떨어뜨리고는 도망을 가버립니다. 하지만 파울리네가 조용하자 아빠는 목욕탕에서 파울리네를 찾습니다. 그 후에 파울리네는 아빠와 함께 잠을 잔다는 내용입니다.

치료적 발문 과정

인식 질문

- 동화를 읽고 나니 어떤 느낌이 드나요?
- 아빠에게 어떤 말을 해 주고 싶나요?

고찰 질문

- 파울리네는 아빠를 왜 깨웠나요?
- 아빠가 일어나지 않자 어떻게 깨웠나요?
- 결국 파울리네는 아빠와 놀았나요? 아빠와 어떻게 했나요?

창의 질문

- 아빠가 한 번 만에 일어날 수 있는 좋은 방법이 없을까요?

- 엄마가 아빠를 깨웠다면 어떻게 깨웠을까요?

적용 질문

- 파울리네처럼 아빠를 깨운 적이 있나요? 무엇 때문에 아빠를 깨웠나요?
- 잠자고 있는 아빠를 보면 무슨 생각이 드나요?
- 내가 만약 아빠라면 아이를 위해 어떻게 해줄 수 있을까요?

행복한 창의력
Happy Creativity

내가 만약 아빠라면 아이를 위해 어떻게 해줄 수 있을까요?

주전자 엄마와 이불 아빠

글 / 그림 / 옮김	사토신 / 아카가와 아키라 / 김경은		
출판사	책과콩나무	출판 연도	2010

줄거리

우리 집에는 주전자 엄마와 이불 아빠가 있습니다. 주전자 엄마는 매일매일 하루 종일 부글부글 화만 냅니다. 이불 아빠는 아이가 아무리 같이 놀자고 졸라도 언제나 이불을 돌돌 말고 잠만 잡니다. 아이는 화만 내는 엄마와 잠만 자는 아빠를 보면 속상하고 외롭습니다.

치료적 발문 과정

인식 질문

- 동화를 읽고 나니 어떤 장면이 가장 인상에 남나요?
- 주전자 엄마와 이불 아빠에게 어떤 말을 해 주고 싶나요?

고찰 질문

- 엄마는 왜 주전자 엄마일까요?
- 아빠는 왜 이불 아빠일까요?
- 주전자 엄마와 이불 아빠를 보는 아이의 마음은 어떨까요?

창의 질문

- 주전자 엄마 말고 화만 내는 엄마를 어떤 이름으로 불러 줄까요?
- 이불 아빠 말고 잠만 자는 아빠를 어떤 이름으로 불러 줄까요?
- 속상하고 외로운 아이를 어떤 이름으로 불러 줄까요?

적용 질문

- 집에 주전자 엄마와 이불 아빠가 있나요? 주전자 엄마와 이불 아빠가 아니라면 엄마와 아빠는 어떤 모습인가요?
- 주전자 엄마와 이불 아빠를 보면 어떤 기분이 드나요?
- 내가 만약 엄마, 아빠라면 아이에게 어떻게 해줄 수 있을까요?
- 주전자 엄마와 이불 아빠에게 바라는 점은 무엇인가요?

행복한 창의력
Happy Creativity

화만 내는 엄마와 잠만 자는 아빠에게
주전자 엄마, 이불 아빠 말고 어떤 이름을 지어 주면 좋을까요?

- 화만 내는 엄마 ➡ ______________________

____

____

____

____

- 잠만 자는 아빠 ➡ ______________________

____

____

____

____

동생이 싫어요!

형제 자매

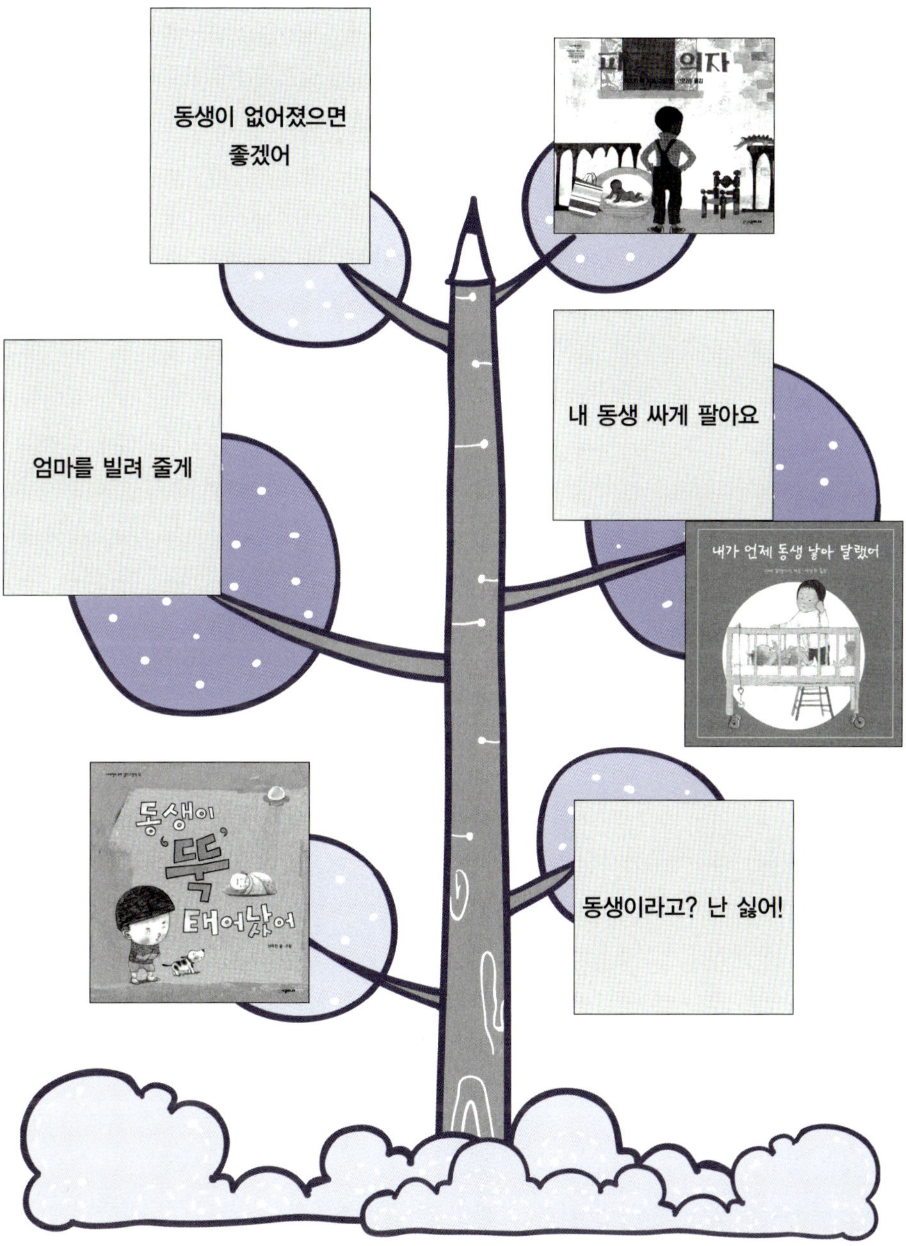
동생이 없어졌으면
좋겠어
내 동생 싸게 팔아요
엄마를 빌려 줄게
내가 언제 동생 낳아 달랬어
동생이 '뚝' 태어났어
동생이라고? 난 싫어!

동생이 없어졌으면 좋겠어

글 · 그림 / 옮김	안 훠쉬린드 / 최선경		
출판사	고려원북스	출판 연도	2006

줄거리

누나는 동생과 함께 있고 싶지만 동생을 돌보기엔 너무 어리다고 합니다. 예전처럼 엄마와 아빠의 사랑을 독차지하고 싶지만 이제 누나니까 할 수 없습니다. 때때로 잠자는 동생을 죽었다고 엄마에게 말하기도 합니다. 그러면 엄마는 가만히 다가와 누나를 따뜻하게 껴안아 줍니다. 누나는 엄마와 아빠의 변함없는 사랑 그리고 동생과의 싸움 후에도 다시 친해지는 것을 통해 형제라는 사실을 깨닫게 됩니다.

치료적 발문 과정

인식 질문

- 동화를 들으니 어떤 느낌이 드나요?
- 소녀에게 어떤 말을 해 주고 싶나요?

고찰 질문

- 엄마의 배가 무엇처럼 커졌나요?
- 잠자는 동생을 보고 누나는 엄마에게 동생이 어떻게 되었다고 말했나요?
- 왜 누나는 속상했나요?
- 잠자는 동생을 보고 누나는 엄마에게 뭐라고 했나요?

창의 질문

- 동생이 귀찮게 한다면 어떤 느낌일 것 같나요?

- 만약 어느 날 갑자기 동생이 사라져 버린다면 어떨 것 같나요?
- 우리 친구는 동생이 잠자는 모습을 보고 무슨 생각이 들었을 것 같나요?
- 우리 친구들은 엄마 아빠가 어떻게 해 주면 누나처럼 기분이 좋아질 것 같나요?

적용 질문

- 만약에 동생을 괴롭히는 친구가 있다면 어떻게 할까요?
- 동생이 생긴다면 제일 먼저 무엇을 하고 싶나요?

행복한 창의력
Happy Creativity

만약 어느 날 동생이 갑자기 사라져 버린다면 어떨 것 같나요?

피터의 의자

글 · 그림 / 옮김	에즈러 잭 키츠 / 이진영		
출판사	시공주니어	출판 연도	1996

줄거리

피터는 시끄럽게 논다고 엄마에게 꾸지람을 듣습니다. 그 이유는 동생 수지가 잠들어 있기 때문입니다. 심통난 피터를 부른 아빠는 동생 식탁 의자를 만든다며, 피터의 식탁 의자를 분홍색으로 색칠합니다. 더욱 더 화가 난 피터는 자신의 의자를 발견하게 되는데 작은 의자에 자신이 더 이상 앉을 수 없다는 것을 깨달은 피터는 이제 오빠의 자리를 받아들이기로 합니다.

치료적 발문 과정

인식 질문

- 동화를 들으니 어떤 느낌이 드나요?
- 피터에게 어떤 말을 해 주고 싶나요?

고찰 질문

- 피터는 왜 가출을 했나요?
- 피터는 가출할 때 가지고 나온 파란색 의자에 왜 앉을 수 없었나요?

창의 질문

- 만약 피터에게 동생이 없었다면 몸에 맞지 않게 된 의자를 어떻게 했을까요?
- 동생을 위해 피터가 할 수 있는 일에는 또 어떤 것들이 있을까요?

적용 질문

- 만약 내가 피터라면 의자가 더 이상 나의 몸에 맞지 않게 되었을 때 어떤 느낌이 들까요?
- 내가 만약 동생이라면 형이 나를 위해 자신이 어렸을 때 쓰던 놀잇감들을 나에게 양보해 주면 어떤 느낌이 들까요?

행복한 창의력
Happy Creativity

동생을 위해 피터가 할 수 있는 일에는 또 어떤 것들이 있을까요?

엄마를 빌려 줄게

글 / 그림	최재숙 / 강전희		
출판사	아이세움	출판 연도	2005

줄거리

주인공 강이는 동생이 태어나자 좋아합니다. 하지만 예뻐서 안아 주려고 하면 엄마가 동생 산이를 빼앗아 가고, 장난감을 빌려 주려고 하면 엄마가 시끄럽다며 나가라고 합니다. 처음 동생을 맞았을 때는 기뻤지만 점점 동생에게 집중되는 관심에 강이는 심술이 납니다. 그런 강이와 아빠가 대화를 하면서 동생에 대한 마음이 변화된다는 내용입니다.

치료적 발문 과정

인식 질문

- 동화를 읽고 나니 어떤 느낌이 드나요?
- 강이에게 어떤 말을 해 주고 싶나요?

고찰 질문

- 강이가 동생 산이를 안아 주려고 했을 때, 엄마가 왜 못하게 했나요?
- 강이는 동생 산이에게 왜 엄마를 잠깐 빌려 주기로 했나요?

창의 질문

- 만약 내가 강이라면 동생이 태어났을 때 어떤 느낌이 들 것 같나요?
- 만약 내가 동생이라면 형이 못되게 굴 때 기분이 어떨 것 같나요?

적용 질문

- 어린 동생 산이를 잘 돌볼 수 있는 방법에는 어떤 것이 있을까요?
- 동생 산이에게 별명을 붙여 준다면 어떤 별명을 붙여 주고 싶나요?

행복한 창의력
Happy Creativity

동생 산이에게 별명을 붙여 준다면 어떤 별명을 붙여 주고 싶나요?

내 동생 싸게 팔아요

글 / 그림	임정자 / 김영수		
출판사	아이세움	출판 연도	2006

줄거리

짱짱이가 자전거를 타고 말썽쟁이 동생을 팔러 시장에 갑니다. 꽃집 할아버지를 만나서 짱짱이는 동생이 고자질쟁이라서 팔려고 왔다고 말합니다. 그리고 꽃을 주면 동생을 팔겠다고 말하지만 꽃집 할아버지는 꽃은 바라볼 수 있지만 동생은 쓸데가 없으니 싫다고 대답합니다. 다음에는 빵집 아줌마를 만나서 동생이 욕심꾸러기라서 팔려고 왔다고 말합니다. 그리고 빵을 주면 동생을 팔겠다고 말하지만 빵집 아줌마는 빵은 먹을 수 있지만 동생은 쓸데가 없으니 싫다고 대답합니다. 다음에는 순이를 만나서 동생이 고자질쟁이에다가 욕심꾸러기라서 팔려고 왔다고 말합니다. 그리고 거저 주겠다고 하는데도 순이는 동생을 사려고 하지 않습니다. 그러자 짱짱이는 동생의 예쁜 모습을 설명해 준다는 내용입니다.

치료적 발문 과정

인식 질문

- 동화를 읽고 나니 어떤 느낌이 드나요?
- 짱짱이에게 어떤 말을 해 주고 싶나요?

고찰 질문

- 짱짱이는 왜 동생을 팔러 나갔나요?
- 꽃집 할아버지에게 왜 동생을 팔겠다고 했나요?
- 빵집 아줌마에게 왜 동생을 팔겠다고 했나요?

- 순이에게 왜 동생을 팔겠다고 했나요? 순이가 동생을 사려고 하지 않자 어떻게 했나요?

창의 질문

- 내가 짱짱이라면 동생을 팔러 어디로 갔을까요?
- 동생 없이 집에 혼자 있게 된다면 어떨 것 같나요?

적용 질문

- 동생이 괴롭힌다고 짱짱이처럼 동생을 팔고 싶나요? 왜 팔고 싶나요?
- 동생을 진짜 팔고 나면 기분이 어떨 것 같나요?

행복한 창의력
Happy Creativity

동생 없이 집에 혼자 있게 된다면 어떨 것 같나요?

내가 언제 동생 낳아 달랬어

글 · 그림 / 옮김	마사 알렉산더 / 서남희		
출판사	보림	출판 연도	2007

줄거리

사람들이 갓 태어난 여동생에게만 관심을 보이자, 올리버는 샘이 납니다. 올리버가 고민 끝에 생각해 낸 방법은 아기를 원하는 사람에게 줘 버리는 것입니다. 올리버는 아기를 유모차에 태워 끌고 나가고 만나는 이웃 사람마다 아기를 데려다 키우라고 이야기합니다. 그런데 다들 입을 모아 귀엽고 예쁘고 사랑스럽다고 하지만 아기를 선뜻 키우겠다는 사람은 나타나지 않습니다. 드디어 친구네 가족이 아기를 키우기로 했는데, 아기는 올리버가 떠나려고 하자 막무가내로 울기 시작하고, 울음을 멈추게 할 수 있는 사람은 오로지 올리버뿐이었습니다.

치료적 발문 과정

인식 질문

- 동화를 읽고 나니 어떤 느낌이 드나요?
- 올리버에게 어떤 말을 해 주고 싶나요?

고찰 질문

- 올리버는 아기를 어디에 태우고 나갔나요?
- 올리버는 왜 아기를 데리고 나갔나요?

창의 질문

- 만약 동생이 다른 사람에게 가기 싫다고 울면 어떻게 할까요?

적용 질문

- 다른 사람이 동생만 예뻐하는 것 같으면 기분이 어떨 것 같나요?
- 동생이 나만 좋아해서 다른 사람에게는 가지 않으려고 하면서 울면 기분이 어떨 것 같나요?

행복한 창의력
Happy Creativity

만약 동생이 다른 사람에게 가기 싫다고 운다면 어떻게 할까요?

동생이 '뚝' 태어났어

글 · 그림	신희진		
출판사	시공주니어	출판 연도	2008

줄거리

엄마 배가 홀쭉해지면서 동생이 태어나자 아무도 나한테 관심이 없습니다. 믿었던 할머니까지도 동생만 예뻐합니다. 그래서 장난감하고 강아지 뭉치하고만 놉니다. 맛있는 건 다 동생 거고, 동생만 안아 주고, 둘이 싸워도 나만 혼납니다. 하루는 어쩔 수 없이 동생을 놀이터에 데리고 나갔는데, 동네 무서운 형이 괴롭힙니다. 그런데 동생이 어느새 동네 형의 팔뚝을 꽉 깨물어 버립니다. 동생과 함께 동네 형을 혼내 주고 집으로 돌아오는 길에 동생에게 어깨동무를 해 준다는 이야기입니다.

치료적 발문 과정

인식 질문

- 동화를 읽고 나니 어떤 느낌이 드나요?
- 동화를 읽으면서 어떤 부분이 가장 기억에 남나요?

고찰 질문

- 형이 동생을 미워한 이유는 무엇이었나요?
- 형이 미워만 했던 동생을 좋아하게 된 이유는 무엇이었나요?

창의 질문

- 어느 날 갑자기 뜻하지 않게 동생이 생겼다면 어떤 느낌이 들까요?
- 네가 형이라면 동생이 내 편을 들어 주었을 때 어떤 느낌이 들까요?

적용 질문

- 엄마 아빠가 어린 동생을 먼저 챙기는 이유는 무엇일까요?
- 동생과 싸우지 않고 사이좋게 지낼 수 있는 방법에는 어떤 것들이 있을까요?

행복한 창의력
Happy Creativity

엄마, 아빠가 어린 동생을 먼저 챙기는 이유는 무엇일까요?

동생이라고? 난 싫어!

글 / 그림 / 옮김	파니 졸리 / 로제 캅드빌라 / 최정수		
출판사	문학동네어린이	출판 연도	2002

줄거리

알리스는 동생이 생긴다는 것이 화가 납니다. 아빠와 동생 가스통을 맞이한 알리스는 동생의 모습에 실망합니다. 게다가 얄미운 동생은 태어나자마자 엄마 아빠의 사랑을 독차지해 버립니다. 알리스는 동생이 미운 마음에 엄마 아빠 몰래 동생에게 큰 소리도 칩니다. 하지만 가스통에게 우유를 먹이기도 하고 조그만 입술로 내는 소리에 미움도 잊은 채 기뻐합니다.

치료적 발문 과정

인식 질문

- 이 책에서 가장 인상에 남는 부분은 어디인가요?
- 알리스에게 어떤 이야기를 해 주고 싶나요?

고찰 질문

- 동생이 생기면 어떤 일이 생긴다고 친구들이 말해 주었나요?
- 동생이 처음으로 한 말은 무엇이었나요?
- 엄마의 배가 커질수록 알리스는 왜 기분이 좋지 않았나요?
- 엄마 아빠는 동생이 생기면 어떻게 해야 한다고 하셨나요?
- 동생이 태어나자 알리스는 어떻게 해 주었나요?

창의 질문

- 알리스는 동생이 생긴다는 것이 못마땅했는데 왜 그런 기분이 들었을까요?
- 만약에 나에게 동생이 생긴다면 어떤 기분이 들까요?
- 알리스는 왜 아기가 필요 없다고 생각했나요?

적용 질문

- 동생이 생긴다면 어떤 기분일 것 같나요?
- 동생이 없었으면 하고 생각한 적이 있었나요? 언제 그랬나요?

행복한 창의력
Happy Creativity

만약 나에게 동생이 생긴다면?

결손 가정 엄마 아빠가 보고 싶어요!

우리 엄빠

글 / 그림	임희옥 / 전효훈		
출판사	아이코리아	출판 연도	2008

줄거리

어떤 이유인지는 잘 알 수 없지만 아빠와 단둘이 살고 있는 친구의 이야기입니다. 우리 아빠는 아침 일찍 일어나 맛있는 아침밥을 준비하고 나를 어린이집에 데려다 주시고, 회사로 갑니다. 엄마가 없지만 아빠는 엄마 역할을 합니다. 아빠는 다른 친구들의 엄마처럼 바느질도 해 주고 반찬도 만들어 줍니다.

치료적 발문 과정

인식 질문

- 동화를 읽고 나니 어떤 느낌이 드나요?
- 가장 기억에 남는 장면은 어디인가요?

고찰 질문

- 아빠를 왜 '엄빠' 라고 불렀을까요?
- 엄마가 없는 아빠는 어떤 일을 하셨나요?
- 아빠와 살고 있는 아이의 마음은 어땠을까요?

창의 질문

- 아빠에게 어떤 말을 해 주고 싶나요?
- 내가 아빠라면 어떻게 했을까요?

적용 질문

- 주위에 엄마와 아빠 중 한 분하고만 사는 친구를 본 적이 있나요? 어떤 생각이 들었나요?
- 부모가 한 분뿐이라는 이유로 친구를 마음 아프게 한 적이 있나요? 왜 그랬나요?

행복한 창의력
Happy Creativity

내가 아빠라면 어떻게 할까요?

내게 만약 엄마 아빠가 있다면

글 / 그림	임희옥 / 에스더		
출판사	아이코리아	출판 연도	2008

줄거리

아이는 엄마 아빠 없이 할머니 할아버지와 살고 있습니다. 아이는 어버이날에 카네이션을 만들어 엄마 아빠에게 달아 주고 싶습니다. 그리고 용돈을 모아서 엄마 아빠 생일에 카드를 그려서 드리고도 싶습니다.

치료적 발문 과정

인식 질문

- 동화를 읽고 나니 어떤 느낌이 드나요?
- 가장 기억에 남는 장면은 어디인가요?

고찰 질문

- 엄마 아빠가 없는 아이의 마음은 어떨까요?
- 아이는 엄마 아빠가 계시다면 무엇을 해 드리고 싶다고 했나요?

창의 질문

- 엄마 아빠가 안 계신다면 어떨 것 같나요?
- 엄마 아빠를 기쁘게 해 드리기 위해 무엇을 할 수 있을까요?

적용 질문

- 엄마 아빠가 계신다는 것에 감사한 적 있나요? 어떤 점이 가장 감사한가요?
- 엄마, 아빠를 위해 해 주고 싶은 것은 무엇인가요?

행복한 창의력
Happy Creativity

엄마, 아빠에게 감사의 편지를 적어 보세요!

아빠나무

글 / 그림	이규희 / 강미선		
출판사	효리원	출판 연도	2009

줄거리

한솔이는 아빠의 갑작스러운 죽음으로 말을 하지 않습니다. 할아버지는 한솔이를 위해 아빠가 태어났을 때 심은 나무 위에 큰 집을 지어 주셨습니다. 매일 나무에 올라가 사는 한솔이는 조금씩 기운을 차리고 말을 하게 됩니다. 동사무소에서는 나무 위의 집이 불법이라고 철거하라고 하지만 친구들의 도움으로 아빠의 추억이 있는 집을 구할 수 있게 됩니다.

치료적 발문 과정

인식 질문

- 이 책에서 가장 인상에 남는 부분은 어디인가요?
- 한솔이에게 어떤 이야기를 해 주고 싶나요?
- 책 제목을 보니 어떤 내용일 것 같나요?

고찰 질문

- 한솔이는 무슨 병이 들어 말을 하지 않았나요?
- 아빠나무는 무슨 나무였나요?
- 말을 잃어버린 한솔이가 가장 하고 싶은 이야기는 무엇일까요?

창의 질문

- 사람들이 한솔이의 나무집을 부쉈다면 한솔이는 어떻게 되었을까요?

- 나에게 요술편지가 있다면 어떤 소원을 적고 싶은가요?
- 한솔이가 나무에서 떨어질 때 다치지 않게 하려면 어떻게 할 수 있을까요?

적용 질문

- 주위에 아빠가 안 계신 친구가 있나요? 어떤 생각이 드나요?
- 아빠와 함께 한 가장 멋진 추억은 무엇인가요?
- 아빠에게 가장 하고 싶은 이야기는 어떤 것이 있나요?

행복한 창의력
Happy Creativity

아빠와 함께한 멋진 추억들을 적어 보세요!

엄마와 딸

글 / 그림	윤수천 / 원유미		
출판사	계림북 스쿨	출판 연도	2002

줄거리

다림이는 유치원 때 아빠를 잃고 엄마와 단 둘이 살고 있습니다. 어느 날 다림이는 엄마에게 걸려 온 낯선 남자의 전화에 신경이 쓰입니다. 이 세상에 남자는 돌아가신 아빠뿐이기 때문입니다. 엄마는 걱정하는 딸에게 실과 같은 중요한 존재라는 말을 해 줍니다. 다림이는 엄마의 마음을 이해하고 엄마에게도 실과 같은 소중한 친구가 생기기를 바란다는 내용입니다.

치료적 발문 과정

인식 질문

- 이 책을 읽고 나니 어떤 생각이 드나요?
- 이 책에서 가장 인상에 남는 부분은 어디인가요?

고찰 질문

- 다림이 아빠가 교통사고를 당한 것은 무슨 날이었나요?
- 다림이는 외로운 엄마를 위해 어떻게 했나요?
- 다림이와 옥자가 좋은 친구가 된 건 무엇 때문이었을까요?

창의 질문

- 친구들에게도 남자 친구, 여자 친구가 있나요? 어른이 되었을 때도 사이좋게 지내려면 어떻게 해야 될까요?

- 다림이 엄마는 맛있는 과자를 먹으며 글을 쓰면 맛있는 글이 써진대요. 친구들은 중요한 일을 할 때 어떻게 하나요?

적용 질문

- 가족에게 나는 '혹' 일까요? '실' 일까요? 왜 그렇게 생각하나요?
- 엄마에게 남자 친구가 생겼다면 어떤 기분일까요? 어떻게 할까요?

행복한 창의력 Happy Creativity

가족에게 나는 '혹' 일까요? '실' 일까요?

우리 엄마 데려다 줘

글 / 그림	김 옥 / 김재홍		
출판사	파랑새	출판 연도	2001

줄거리

일학년이 된 다솔이는 쉬는 시간에 집에 전화를 하곤 합니다. 시간이 갈수록 전화 받는 횟수는 줄어들고 다솔이 눈에는 눈물이 많아집니다. 어느 날 집을 나간 엄마가 보고 싶어 떨리는 가슴으로 매번 전화를 하지만 받지 않고 친구 앞에선 거짓 통화를 합니다. 그런 비밀을 공중전화기는 지켜 주기로 합니다.

치료적 발문 과정

인식 질문

- 이 책에서 가장 인상에 남는 부분은 어디인가요?
- 다솔이에게 어떤 이야기를 해 주고 싶나요?

고찰 질문

- 다솔이는 왜 쉬는 시간에 집에 전화를 했나요?
- 다솔이는 왜 친구 앞에서 거짓말로 엄마와 통화하는 척했을까요?
- 다솔이의 엄마는 어디로 갔을까요?

창의 질문

- 비 오는 날 학교에 우산을 가져오지 않았어요. 집에선 전화도 안 받아요. 어떻게 하면 비를 맞지 않고 집에 돌아갈 수 있을까요?
- 친구의 비밀을 알고 난 후 누군가에게 말을 하고 나면 시원해질 것 같아

요. 친구가 알면 속상할 텐데 어떻게 할까요?

- 학교에 공중전화가 없어요. 엄마가 보고 싶을 때 어떻게 할까요?

적용 질문

- 엄마와 아빠가 싸우는 것을 본 적이 있나요? 어떤 생각이 들었나요?
- 집에 왔을 때 엄마가 없다면 어떤 느낌일까요?
- 우리 반 친구의 엄마가 집을 나갔다는 사실을 알게 되었다면 친구에게 어떤 말을 해줄 수 있을까요?

행복한 창의력
Happy Creativity

다솔이에게 어떤 말을 해줄 수 있을까요?

우리는 한가족이에요!

입양 가정

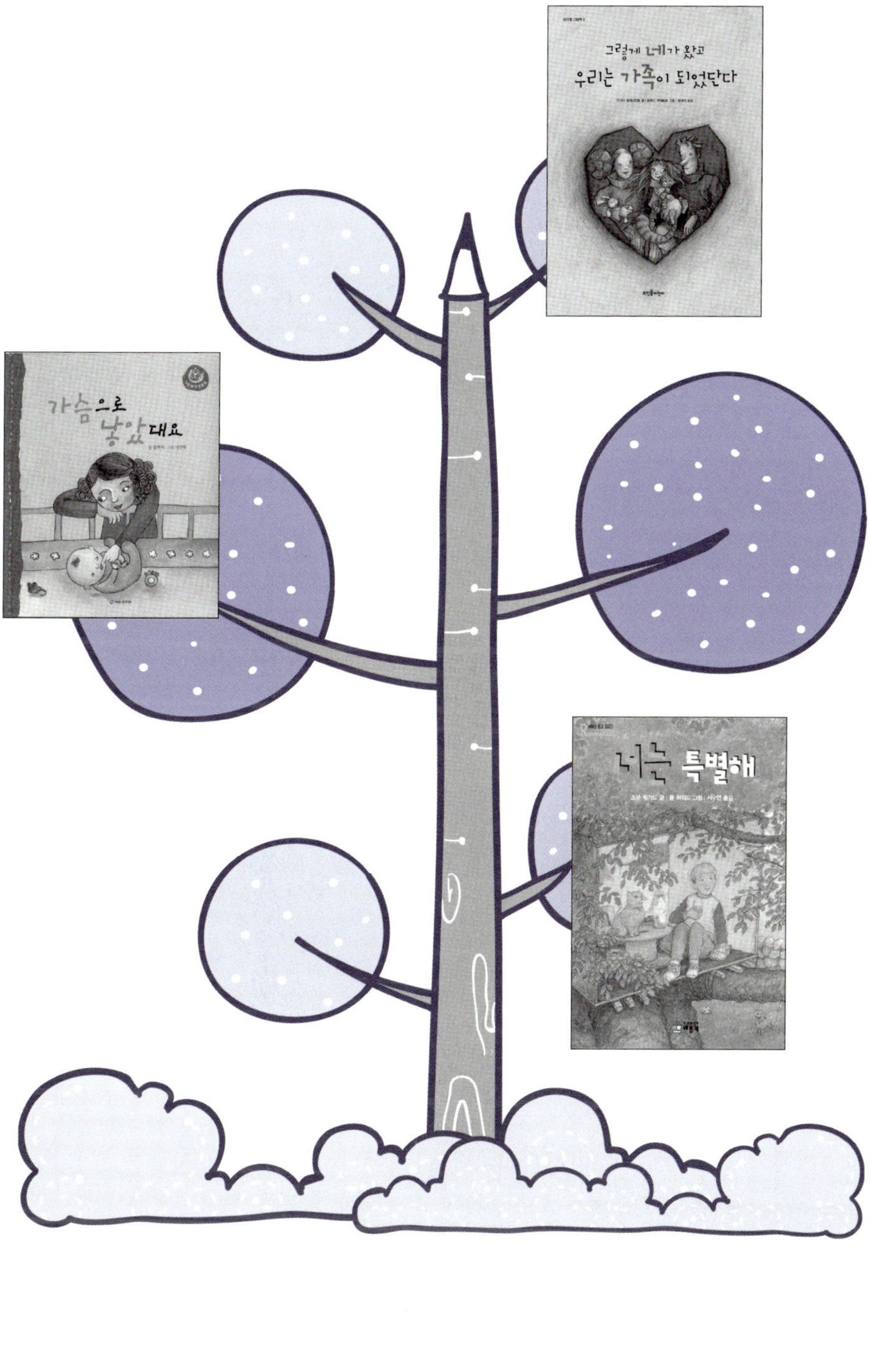

그렇게 네가 왔고 우리는 가족이 되었단다

글 / 그림 / 옮김	안네테 힐데브란트 / 알무트 쿠네르트 / 유혜자		
출판사	뜨인돌어린이	출판 연도	2008

줄거리

엄마 아빠는 너무나 아기를 바랐지만 아기가 생기지 않아 속상한 날들이 많습니다. 그러던 어느 날 가족상담소에서 연락이 왔고, 엄마 아빠는 드디어 리자를 만났습니다. 보기만 해도 절로 웃음이 나는 귀여운 리자를 엄마와 아빠는 너무나 아끼고 사랑합니다. 리자는 롤러스케이트도 타고, 특히 가족을 그리는 걸 좋아합니다. 그리고 리자가 좋아하는 또 다른 일은 엄마 아빠에게 처음 온 날의 이야기를 듣는 것입니다. 리자는 그 이야기를 들을 때면 가족 사진첩을 꼭 챙깁니다. 그 안에는 리자가 엄마 아빠에게 입양되던 때부터 지금까지의 모든 사건과 이야기가 담겨 있기 때문입니다.

치료적 발문 과정

인식 질문

- 동화를 읽고 나니 어떤 느낌이 드나요?
- 리자에게 어떤 말을 해 주고 싶나요?

고찰 질문

- 엄마와 아빠는 리자를 어떻게 만났나요?
- 리자가 특히 좋아하는 것은 무엇인가요?
- 리자가 엄마 아빠에게 처음 온 날을 이야기하기 위해서 필요한 것은 무엇이었나요?

창의 질문

- 리자가 엄마와 아빠를 만나지 못했다면 어떤 생활을 하고 있을까요?
- 리자의 친엄마는 왜 리자를 키우지 못했을까요?
- 엄마와 아빠는 리자와 사진을 보면서 어떤 이야기를 할까요?

적용 질문

- 주위에 리자처럼 입양된 친구를 본 적이 있나요? 어떤 느낌이 들었나요?
- 입양된 친구가 있다면 어떻게 대해 줄 수 있나요?

행복한 창의력
Happy Creativity

리자가 엄마와 아빠를 만나지 못했다면 어떤 생활을 하고 있을까요?

가슴으로 낳았대요

글 / 그림	임희옥 / 서연희		
출판사	아이코리아	출판 연도	2008

줄거리

재준이는 다른 아이들처럼 엄마 뱃속에서 나오지 않습니다. 재준이는 보육원에서 살다가 지금의 엄마를 만나 형, 아빠, 그리고 누나까지 생겼습니다. 그래서 재준이에게 생일은 엄마가 가슴으로 재준이를 낳아 준 날입니다.

치료적 발문 과정

인식 질문

- 동화를 읽고 나니 어떤 느낌이 드나요?
- 가장 기억에 남는 장면은 어디인가요?

고찰 질문

- 재준이는 어디서 왔나요?
- 재준이는 왜 엄마가 가슴으로 낳아 준 날이 생일일까요?
- 새로운 엄마, 아빠, 형, 누나를 만난 재준이의 기분은 어떨까요?

창의 질문

- 재준이가 엄마와 아빠를 만나지 못했다면 어떤 생활을 하고 있을까요?
- 내가 만약 재준이라면 가슴으로 낳아 준 엄마 아빠에게 무슨 말을 하고 싶나요?

적용 질문

- 주위에 재준이처럼 입양된 친구를 본 적이 있나요? 어떤 느낌이 들었나요?
- 입양된 친구가 있다면 어떻게 대해 주겠나요?

행복한 창의력
Happy Creativity

내가 만약 재준이라면 가슴으로 낳아 준
엄마 아빠에게 무슨 말을 하고 싶나요?

너는 특별해

글 / 그림 / 옮김	조운 링가드 / 폴 하워드 / 서수연		
출판사	베틀북	출판 연도	2001

줄거리

"나는 부모님에게 선택받은 아이라 특별해."라고 자신 있게 말하던 톰은 친구 샘에게서 자신이 결코 특별한 아이가 아니었다는 이야기를 듣게 됩니다. 새로 만난 선생님이 어쩌면 자신의 친엄마가 아닐까 하는 고민을 하기도 하고, 새롭게 태어난 동생을 예뻐할 수 없는 마음이 괴롭습니다. 그러던 어느 날 다칠 뻔한 동생을 도와준 이후 진정한 가족의 의미를 알게 됩니다.

치료적 발문 과정

인식 질문

- 이 책에서 가장 인상에 남는 부분은 어디인가요?
- 톰에게 어떤 이야기를 해 주고 싶나요?

고찰 질문

- 톰은 왜 자기가 특별하다고 생각했었나요?
- '입양아'는 어떤 아이를 말하나요?
- 패로우 선생님이 친엄마가 아닌 것을 알았을 때 톰의 기분이 어땠을까요?

창의 질문

- 선물 상자를 받았어요. 무엇이 들어 있을 거라고 생각하나요?
- 내가 선생님이라면 톰의 엄마에게 어떤 말을 했을까요?

- 톰의 친엄마는 어떻게 생겼을까요?

적용 질문

- 나는 스스로 특별하다고 생각하나요? 그렇다면 그것은 무엇 때문인가요?
- 내가 만약 입양아 톰이라면 엄마가 아이를 낳는다고 했을 때 어떤 생각이 들었을까요?
- 만일 내가 톰이라면 아기 낳은 엄마에게 어떻게 했을까요?

행복한 창의력
Happy Creativity

톰과 같이 나도 특별한 사람인가요?
어떤 점이 특별한가요?

장애 가정 장애가 있어요!

내게는 소리를 듣지 못하는 여동생이 있습니다
그래도 우리 누나야!
엄마, 내가 자전거를 탔어요!
우리 누나는 다운증후군
이인의 산책
자폐아 이야기

내게는 소리를 듣지 못하는 여동생이 있습니다

글 / 그림 / 옮김	J. W. 피터슨 / D. K. 레이 / 김서정		
출판사	중앙출판사	출판 연도	2004

줄거리

내 여동생은 자신을 부르는 소리나 전화벨 소리를 듣지 못합니다. 하지만 손을 흔들거나 눈으로 보는 것은 잘할 수 있습니다. 언니는 동생과 함께 놀면서 자신의 동생이 특별하다고 말합니다. 왜냐하면 건청인인 언니가 느끼지 못하는 것을 느끼고 표현할 수 있기 때문입니다. 그리고 듣지 못하기 때문에 좋은 점도 있습니다. 한밤중에 비가 내리고 천둥번개 치는 소리를 듣지 못하기 때문에 동생은 곤히 잠들 수 있지만 건청인 언니는 무서움에 떨어야 한다는 점입니다.

치료적 발문 과정

인식 질문

- 동화를 읽고 나니 어떤 느낌이 드나요?
- 어떤 장면이 가장 기억에 남았나요?

고찰 질문

- 여동생은 어떤 장애를 가지고 있나요?
- 언니는 어떤 점에서 자신의 동생이 특별하다고 했나요?
- 언니는 여동생을 어떻게 생각하고 있나요?

창의 질문

- 내 동생이 듣지 못한다면 어떨까요?
- 소리를 듣지 못한다면 어떤 점이 가장 불편할까요?
- 소리를 듣지 못하는 여동생에게 위험한 상황이나 모르는 것을 알려 줄 수 있는 다른 방법이 있을까요?

적용 질문

- 소리를 듣지 못하는 사람들을 본 적이 있나요? 어떤 생각이 들었나요?
- 만약 소리를 들을 수 없다면 기분이 어떨까요? 주위 사람들이 어떻게 대해 주면 좋을까요?
- 만약 듣지 못하는 동생이 태어난다면 어떻게 할까요?
- 만약 주위 사람들이 듣지 못하는 동생에 대해 물어본다면 어떻게 말해 줄 수 있나요?

행복한 창의력
Happy Creativity

내 동생이 듣지 못한다면 어떨까요?

그래도 우리 누나야!

글 / 그림 / 옮김	오가사와라 다이스케 / 우메다 슌사쿠 / 김난주		
출판사	베틀북	출판 연도	2003

줄거리

누나는 유치원에서 돌아오다가 교통사고를 당합니다. 동생은 누나가 2~3일이면 집으로 돌아올 거라고 생각했는데 3년 동안 병원에서 돌아오지 않고 집에는 웃음이 사라지게 됩니다. 동생은 누나가 놀이터에서 뛰어놀거나 함께 유치원에 갈 수 없게 되었다는 것을 알고 있습니다. 하지만 동생은 실망하지 않고 누나를 사랑으로 보살핍니다.

치료적 발문 과정

인식 질문

- 동화를 읽고 나니 어떤 느낌이 드나요?
- 누나에게 어떤 말을 해 주고 싶나요?

고찰 질문

- 누나는 어디에 있나요? 왜 병원에 있나요?
- 동생은 누나와 왜 유치원이나 놀이터에서 함께 놀 수 없을까요?
- 동생은 누나를 어떻게 생각하나요?

창의 질문

- 누나가 교통사고를 당하지 않았다면 어떻게 되었을까요?
- 누나가 병원에 있더라도 가족이 행복해지는 방법은 무엇일까요?

적용 질문

- 내가 동생이었다면 누나에게 어떻게 해 주었을까요?
- 내가 누나라면 가족들에게 바라는 점은 무엇일까요?

행복한 창의력
Happy Creativity

내가 동생이라면 누나에게 어떻게 해 주었을까요?

우리 누나는 다운증후군

글 · 그림 / 옮김	롤프 크렌처 / 김정회		
출판사	경독	출판 연도	2006

줄거리

11살짜리 올리버에게는 '다운증후군'이라는 장애를 가진 다니 누나가 있습니다. 다니 누나는 올리버보다 무려 4살이나 많지만, 언제나 동생인 올리버가 누나를 챙겨야만 합니다. 가끔 올리버는 반 아이들이 누나에 대해 아무것도 모르게 누나가 멀리 가 버렸으면 좋겠다고 생각합니다. 그러던 어느 날, 엄마가 다리를 다쳐 특수학교 스쿨버스를 타는 정류장까지 누나를 데려다 줄 수 없게 되자, 올리버가 그 일을 맡게 되면서 누나를 이해하게 된다는 내용입니다.

치료적 발문 과정

인식 질문

- 동화를 읽고 나니 어떤 느낌이 드나요?
- 올리버에게 어떤 말을 해 주고 싶나요?

고찰 질문

- 올리버의 누나는 어떤 장애를 가졌나요?
- 올리버는 누나를 볼 때 어떤 생각을 했나요?
- 올리버가 누나를 위해 맡은 역할을 어떤 것이었나요?

창의 질문

- 만약 엄마가 올리버에게 누나를 데려다 주는 역할을 주지 않았다면, 누나

와의 관계가 어떻게 되었을까요?

- 만약 내가 올리버의 누나였다면 어떻게 했을까요?

적용 질문

- 주위에서 장애를 가진 친구를 본 적이 있나요? 어떤 생각이 들었나요?
- 장애를 가진 친구와 나는 어떤 점이 다른 것 같나요?
- 올리버처럼 장애를 가진 누나가 있다면 어떨까요? 왜 그렇게 생각하나요?
- 장애를 가지고 있는 다니의 마음은 어떨까요? 장애 누나를 보는 올리버의 마음은 어떨까요?

행복한 창의력
Happy Creativity

올리버와 비슷한 점과 다른 점을 찾아보세요!

■ 비슷한 점	■ 다른 점

엄마, 내가 자전거를 탔어요!

글 / 그림 / 옮김	이노우에 미유키 / 카리노 후키코 / 이정선		
출판사	베틀북	출판 연도	2002

줄거리

아홉 살 미유키는 앞을 보지 못합니다. 엄마는 미유키에게 소리 나는 장난감을 사 주고, 공원에 데려가 모래밭에서 혼자 놀게 합니다. 그리고 집에 가면 채소들을 방에 놔 두고 이름 맞히기를 하면서 이름들을 함께 외웁니다. 엄마는 나무 타기, 스쿠터 타기 등 미유키에게 뭐든지 직접 해 보게 합니다. 계단에서 넘어져도, 자전거 타기를 연습하다가 넘어져서 피가 나도 도와주지 않습니다. 미유키는 속상한 마음이 들었지만 자전거를 혼자 타기 위해 계속 연습을 합니다. 그리고 드디어 미유키는 누구의 도움도 받지 않고 혼자 자전거를 타게 된다는 내용입니다.

치료적 발문 과정

인식 질문

- 동화를 읽고 나니 어떤 느낌이 드나요?
- 미유키에게 어떤 말을 해 주고 싶나요?

고찰 질문

- 미유키는 어떤 아이였나요?
- 미유키는 어떻게 글과 색깔을 배웠나요?
- 미유키 엄마는 미유키에게 어떻게 했나요?
- 미유키는 어떤 일을 혼자서 해냈나요?

창의 질문

- 내가 미유키와 같은 점 또는 다른 점에는 무엇이 있나요?
- 만약 평생 눈을 감고 살아야 한다면 어떨까요?
- 내가 만약 미유키였다면 자전거를 혼자 탈 수 있었을까요?

적용 질문

- 미유키처럼 눈이 안 보이는 사람들을 본 적이 있나요? 어떤 느낌이 들었나요?
- 만약 미유키처럼 앞을 볼 수 없다면 어떨 것 같나요?
- 미유키 같은 친구를 만나면 어떻게 해야 할까요?

행복한 창의력
Happy Creativity

만약 미유키처럼 앞을 볼 수 없다면 어떨 것 같나요?

이안의 산책

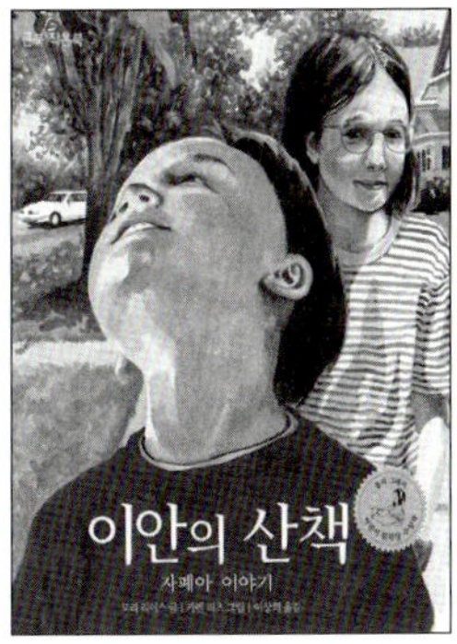

글 · 그림 / 옮김	로리 리어스 / 카렌 리츠 / 이상희		
출판사	큰북작은북	출판 연도	2005

줄거리

이안은 자폐증을 가지고 있습니다. 어느 날 줄리는 타라 언니랑 남동생 이안을 데리고 공원으로 산책을 갑니다. 동생한테서 잠시도 눈을 떼지 않고 돌봐 주기로 엄마와 단단히 약속도 합니다. 공원에 도착해서도 동생은 피자 사러 가자는 누나의 말은 들은 척도 하지 않은 채 시리얼만 씹어 먹고, 의자에 앉으라고 말해도 그대로 서서 딴청만 부립니다. 그러다 잠시 한눈을 판 사이 동생은 사라져 버리고, 줄리와 타라 언니는 동생을 찾아 공원 구석구석을 미친 듯이 뛰어다닙니다. 그때 낡은 종소리가 공원에 울려 퍼지고 줄리는 동생이 종을 무척 좋아한다는 사실을 기억해 내고는 곧장 종각으로 달려가 커다란 종 아래 누워 있는 동생을 만나게 된다는 내용입니다.

치료적 발문 과정

인식 질문

- 동화를 읽고 나니 어떤 느낌이 드나요?
- 줄리에게 어떤 말을 해 주고 싶나요?

고찰 질문

- 이안이 누나와 공원에 가는 길에 어떻게 행동했나요?
- 이안이 좋아한 것은 무엇이었나요?
- 집으로 돌아오는 길에 누나는 이안에게 어떻게 해 주었나요?

창의 질문

- 이안이 나와 다른 점은 무엇인가요?
- 만약 내가 이안의 누나였다면 어떻게 했을까요?

적용 질문

- 주위에서 장애를 가진 친구를 본 적이 있나요? 어떤 생각이 들었나요? 장애를 가진 친구와 나는 어떤 점이 다른 것 같나요?
- 이안처럼 장애를 가진 동생이 있다면 어떻게 할 수 있을까요? 왜 그렇게 생각하나요?
- 장애를 가지고 있는 이안의 마음은 어떨까요? 장애 동생을 보는 누나의 마음은 어떨까요?

행복한 창의력
Happy Creativity

만약 내가 이안의 누나였다면 어떻게 했을까요?

참고문헌

교보문고 (2008). READ 도서목록. 서울: 교보문고.

권미은 (2009). 상호작용적 그림책 읽기 전략을 통한 어머니 훈련이 발달지체 유아와 어머니의 의사소통에 미치는 효과. 단국대학교 대학원 박사학위 청구논문.

권미은, 신현기 (2008). 유아기 자녀의 장애 유무에 따른 어머니의 그림책 선정 기준 비교. 지적장애연구, 10, 123-143.

국립국어원 (2003). 신어 자료집. 서울: 국립자료원.

김성희, 김송이 (2008). 독서치료가 초등학생의 사회성 발달에 미치는 영향. 한국도서관 정보학회지, 39(2), 213-226.

김춘경 (2007). 아동상담. 서울: 학지사.

김현희 외 (2003). 독서치료의 실제. 서울: 학지사.

명창순 (2008). 독서치료의 첫걸음. 서울: 푸른책들.

박금희, 정연경 (2006). 공공도서관의 어린이 독서치료 효과에 관한 연구. 한국문헌정보학회지, 40(3), 354-368.

손정표 (1999). 신독서지도 방법론. 대구: 도서출판 태일사.

유구종, 문기임 (2003). 독서치료 문학활동이 유아의 창의성 및 자아개념에 미치는 효과. 열린유아교육연구, 8(1), 111-130.

이경우, 장영희 외 (1997). 유아에게 적절한 그림책. 서울 : 양서원.

이영식 (2006). 독서치료 어떻게 할 것인가. 서울: 학지사.

전경원 (2002). 나도 창의를 낼 수 있다구요. 서울: 창지사.

최선옥, 한윤욱 (2006). 초등학생의 스트레스 대처를 위한 독서치료 사례 연구. 한국비블리아학회지, 17(1), 223-248.

한국어린이문학교육학회 독서치료 연구회 (2001). 독서치료. 서울: 학지사.

현은자, 김영실 (1992). 유아의 문자언어교육을 위한 쉬운 책의 개발 및 효과. 아동학회지, 13(2), 19-31.

Cianciolo, P. J. (1965). Children' s literature can effect coping behavior. *Personal and Guildance, 43*, 897-901.

Cullinan, B. E., & Galda, L. (1994). *Literature and the child*. Fortmorth, TX: Harcourt Brace & Company.

Doll, B., & Doll, C. (1997). *Bibliotherapy with young people: Librarians and mental health professionals working together*. Englewood, Colorado: Libraries

Unlimited, Inc.

Fraiser, M., & McCannon, C. (1981). Using bibliotherapy with gifted children. *Gifted Child Quarterly, 25*(2), 81-85.

Gladding, S. T., & Gladding, C. (1991). The ABCs of bibliotherapy for school counselors. In B. Doll & Doll (1997). *Bibliotherapy with young people: Librarians and mental health professionals working together*. Englewood, Colorado: Libraries Unlimited.

Hebert, T. P. (1991). Meeting the affective needs of bright boys through bibliotherapy. In B. Doll & Doll (1997). *Bibliotherapy with young people: Librarians and mental health professionals working together*. Englewood, Colorado: Libraries Unlimited.

Hillman, J. (1995). *Discovery children' s literature*. NJ : Englewood Cliffs.

Hoagland, J. (1972). Bibliotherapy: Aiding children in personality development. *Elementary English, 49*, 390-391.

Hynes, A. M., & Hynes-Berry, M. (1994). Biblo/poetry-The interactive process: A Handbook. St. Cloud, MN: North Star Press of St. Cloud.

Jeon, K. W. (1992). Bibliotherapy for the gifted children. *G/C/T, Novmber/December*, 16-19.

Lack, C. R. (1985). Can bibliotherapy go public? Collection building (spring). In B. Doll & Doll (1997). *Bibliotherapy with young people: Librarians and mental health professionals working together*. Englewood, Colorado: Libraries Unlimited.

Norton, D. E. (1991). *Through the eyes of a child : An introduction to children' s literature*. N.Y. : Macmillan Pub. Co.

Pardeck, J. T. (1989). Children' s literature and adoption. In B. Doll & Doll (1997). *Bibliotherapy with young people: Librarians and mental health professionals working together*. Englewood, Colorado: Libraries Unlimited. Inc., 96.

Pardeck, J. T., & Pardeck, J. A. (1993). *Bibliotherapy: A clinical approach for helping children*. Philadelphia, Penn.: Gordon & Breach Science Publishers. 1-2.

Spache, G. D. (1978). Using books to help solve children' s problems. In R. J. Rubin (ED.). *Bibliotherapy sourcebook*. Phoenix. AZ: The Orvx Press.

Temple, C., Martinez, M., Yokota, J., & Naylor, A. (1998). *Children' s books in children' s hands: An introduction to their literature*. Needham Heights, MA: Allyn & Bacon.

Webster' s Third New International Dictionary (1961). In M. T. Moody & H. K. Limper (1971). *Bibliotherapy: Methods and materials*. Chicago: ALA.

Weingarten, S. (1964). Boundaries of reading in satisfying needs. *Education, 84*, 480-489.

Witty, P. A. (1964). Meeting development needs through reading. *Education, 84*, 451-457.

저자 소개

전경원

블로그: http://blog.naver.com/jeonkw333
e-mail: jeon33@unitel.co.kr
URL: http://www.happycre.com

약력

- 현 전경원의 행복한 창의성 연구소 CEO/CIO
- 현 광주대학교 교수
- 현 Gifted Education International 학술지 편집위원
- 현 (주)미래상상연구소 연구 및 운영 자문위원
- 현 (사)창의공학연구원 운영위원 및 책임교수

경력

- 한국창의력교육학회 회장
- 하버드 대학교 객원학자
- 퍼듀 대학교 객원 조교수
- 아시아-태평양 영재학회 부회장
- 아시아-태평양 영재학회 상임고문
- 국제영재학회 한국대표위원
- 서봉 창의성 개발 연구소 소장
- 유아 창의 연구회 편집장
- 한국창의력교육학회 상임부회장
- 한국창의력교육학회 이사
- 광주대학교 학생생활연구소 소장
- 광주대학교 유아교육과 학과장
- 광주대학교 유아교육과 부교수, 조교수, 전임강사
- 퍼듀 대학교 부속 영재교육 연구소 교사훈련가 및 연구원

- 기타
  - 2008년 유치원 평가위원
  - 경기과학고등학교(2010년 영재과학고등학교 전환) 자문위원 및 영재 선발위원회 위원

학력

- 1986–1989 미국 퍼듀 대학교 교육심리(영재교육전공) 박사
- 1985–1986 미국 남다코타 주립대학교 대학원 상담학 석사
- 1983–1985 미국 남다코타 주립대학교 대학원 교육학 석사

◘ 저서 및 역서

1. 바보정신 (2011 출판 예정, 예솔출판사, 공저)
2. 창의력 측정-행복한 '생존을 위한 창의력 (2010, 창지사, 저)
3. 21세기 교육의 큰 두 개의 축 1장(章) (2010, 교육과학사, 우종옥 엮음)
4. "생각날개" 43권 동화책 (2010, 포에버 북스, 공동 감수)
5. 엄마가 키워 주는 창의력이 공부력이다 (2009, 아주좋은날, 저)
6. 창의성: 이론과 주제 (2009, 시그마 프레스, 공역)
7. 창의력이란 무엇인가? (2008, 신원, 저)
8. 창의적 문제해결력을 키워라 (2008, 대교, 공역)
9. 인간적인 창의성 (2006, 창지사, 공역)
10. 창의성 교육의 이론과 실제 (2006, 창지사, 저)
11. 과정중심의 창의성 프로그램(CAPA) 프로그램 (2005, 행복한 창의성 연구소, 저)
12. 새로운 영재: 재능 교육의 이론과 실제 (2004, 학문사, 저)
13. 흥미로운 유아의 상상력 세계 (2004, 교문사, 역)** 2005 '학술원 우수학술도서 선정
14. 생활 속의 창의성 계발 1: 브레인스토밍 (2004, 창지사, 저)
15. 생활 속의 창의성 계발 2: 오감과 지성 (2004, 창지사, 공저)
16. 생활 속의 창의성 계발 3: 크루즈 여행 (2004, 창지사, 저)
17. 창의적인 문제해결을 중심으로 한 유아교육실습의 이론과 실제 (2004, 교문사, 공저)
18. 창의성 치료를 중심으로 한 특수유아교육 (2004, 창지사, 저)
19. 특수교육 개정법에 따른 "특수유아교육 (2009, 창지사, 공저)***
20. 유아의 심리검사와 측정 (2004, 창지사, 저)
21. 신문을 이용한 창의성 교육 (2003, 창지사, 공저)
22. 전경원 교수의 창의성을 키워주는 영재교육 프로그램 22권 (2003, 교문사, 공저)
23. 놀잇감으로 길러주는 상상의 날개 (2002, 한울림, 역)
24. 창의력 계발을 위한 유아 미술교육 (2002, 교문사, 저)
25. 유아특수교육 (2002, 양지, 저)*
26. 전래동화를 활용한 창의성 워크북 5권 (2002, 창지사, 공저)
27. 기초 창의력을 키워주는 창의성 개발 프로그램 10권 (2002, 학지사, 공저)
28. 유아의 심리검사와 측정 (2001, 양지, 저)*
29. 창의적인 교사, 창의적인 학생 (2001, 창지사, 편역)
30. 전교수의 창을 요리로 확 열자 I (2000, 창지사, 저)
31. 전교수의 창을 요리로 확 열자 II (2000, 창지사, 저)
32. 동서양의 하모니를 위한 창의학 (2000, 학문사, 저)** 문화관광부 우수학술도서 선정
33. 한국의 새천년을 위한 영재교육학 (2000, 학문사, 저)*
34. 창의성을 중심으로 한 유아과학교육 (1999, 학문사, 저)
35. 겨울 창의마당 (1999, 창지사, 공저)
36. 창의성을 중심으로 한 유아연구방법론 I (1999, 창지사, 저)
37. 창의적인 문제해결력 교수 활동자료 (1999, 교육나라, 공저)
38. 모난 돌은 왜 정을 맞나 (1998, 창지사, 저)*
39. 창의성과 동기 유발 (1998, 창지사, 편역)
40. 교사를 위한 창의적인 문제 해결력 (1998, 창지사, 편역)
41. 나도 창의를 낼 수 있다구요 (1997, 창지사, 저)
42. 나는 창의적으로 문제를 해결할 수 있어요 (1997, 창지사, 공저)
43. 학대받는 영재아들 (1996, 창지사, 저)

44. 여름 창의 마당 (1996, 창지사, 공저)
45. 창의성을 잡아요 확! (1995, 창지사, 공저)
46. 교사를 위한 창의적인 문제해결력 (1994, 양서원, 공역)*
47. 당신의 자녀는 영재인가요 (1994, 삼천리, 역)*
48. Perspectives on gifted disadvantaged in Korea. In Belle Wallace, "World Perspectives on the Gifted Disadvantaged". (1993, Bicester, England: Academic Publisher 공저).
49. 휴머니즘에 입각한 특수한 영재교육 (1992, 양서원, 저)*
50. 으뜸 지능계발 (1991, 삼성출판사, 공저)

*: 절판(# 25, 28, 33, 38, 46, 47, 49)
**: 문화관광부 우수학술도서(# 13, 32)
***: 신판(# 19)

검사 도구 및 기타

1. 초등 창의성 측정 검사 K-CTCES (전경원, 전경남 공동) (2011, 학지사)
2. 초등 도형 창의성 검사, K-FCTES (전경원, 전경남 공동) (2008, 학지사)
3. 전경원의 창의성 검사: 문헌분석적 연구와 논문요약집 (전경원, 조칠례 엮음) (2008, 학지사)
4. 유아 도형 창의성 검사, K-FCTYC (2001, 학지사)
5. 유아 종합 창의성 검사, K-CCTYC (2000 재표준화, 학지사)
6 유아 창의적 특성 검사, K-CTC (2003, 학지사)
7. 유아용 복합 교구 특허, 독일 국제 발명전 동상 (1996)

외 논문 32여 편

권 미 은

학력 및 약력

- 단국대학교 특수교육과 교육학 박사
- 현 남부대학교 유아특수교육과 교수

주요 저서 및 논문

- 개정 특수교육법 개정에 따른 특수유아교육(2009, 창지사)
- 발달지체유아 어머니의 그림책 읽기 전략 훈련을 통한 자녀와의 언어적 상호작용 특성과 상호작용 참여 시간의 변화(2010)
- 어머니의 상호작용적 그림책 읽기 전략 훈련이 발달지체유아의 의사소통 행동에 미치는 효과(2010)
- 유아기 자녀의 장애 유무에 따른 어머니의 그림책 선정 기준 비교(2008)

창의력도 키워 주는 행복한

아동 독서치료

초판 1쇄 인쇄 2011년 2월 21일
초판 1쇄 발행 2011년 3월 1일

지은이 | 전경원 권미은
펴낸이 | 김기섭
편집인 | 태선옥
펴낸곳 | 창지사 www.changjisa.com
121-809 서울시 마포구 대흥동 161
전화 (02) 719-2211~3
팩스 (02) 701-9386
등 록 | 1977년 4월 28일 · 제1-421호

ISBN 978-89-426-0600-9 (93370)

값 18,000원